中学校英語サポートBOOKS

話せる！書ける！
英語言語活動
アイデア＆ワーク66

瀧沢広人・山﨑寛己 著

JN039352

明治図書

今回の中学校学習指導要領（平成29年告示）は，私たちに多くの課題を投げかけている。本書のテーマも，そのうちの１つだ。

特に，「目的や場面，状況」は，多くの先生方を悩ませていることと思う。なぜなら，外国語の目標に，次のように書かれているからである。

中学校学習指導要領（平成29年告示）第２章　第９節　外国語

(2)　コミュニケーションを行う目的や場面，状況などに応じて，日常的な話題や社会的な話題について，外国語で簡単な情報や考えなどを理解したり，これらを活用して表現したり伝え合ったりすることができる力を養う。

目標に出ているので，それに取り組まないわけにはいかない。

しかし，一体，どのように「目的や場面，状況」を設定し，どのような言語活動を行ったらよいかという事例は，まだ試行錯誤中と言える。

そこで本書は，少しでも先生方の悩みを解決し，課題解決に向けた授業の取組ができるよう，「目的や場面，状況」をテーマに，その考え方や取組のアイデアを，紹介していきたい。

さて，「目的や場面，状況」のそもそもの目的は，**コミュニケーションを想定した言語使用**ということになる。

コミュニケーションには，ことばを発する「場面や状況」があり，伝え合う「相手」がいて，そして，伝え合う「内容」がある。そこに，コミュニケーションを行う「目的」が生まれる。

平成10年改訂の学習指導要領で，「**言語の使用場面**」と「**言語の働き**」が，初めて登場した。これは，それまでの「国際理解の基礎を培う」という目標から，「コミュニケーション能力の基礎を養う」といった，外国語教育の目標が「コミュニケーション能力の育成」へと舵を切ったことによる。

再度になるが，コミュニケーションには，言語が使われる「場面や状況」

があり，そして，私たちは，日常生活等において，**その「場面や状況」に応じて，語彙や表現を選択しながら，言語使用を行っている。**

　従来の英語教育では，「場面や状況」がない中で，機械的に英語を用いる「練習活動」を行ってきたが，これからは，言語を使用する「場面や状況」の中で，どのような語彙や表現を使ったらよいか思考・判断し，表現する「言語活動」を通して，コミュニケーションを図る資質・能力を育成する授業を行うこととなる。

　それが，今回の「目的や場面，状況」というキーワードの意味である。

　では，授業でどのようにコミュニケーションを行う「目的や場面，状況」のある言語活動を作り出したらよいのだろうか。

　ある小学校教師は，修学旅行の下見に行った際，外国人にインタビューを行った。Do you know Hamamatsu?（浜松を知っていますか）という問いかけに，多くの外国人は，No, I don't.（知りません）と答えた。しかし，同じ静岡県内でも，Mt.Fuji（富士山）や，Izu（伊豆）は，知られていた。その時のインタビューの様子を児童に見せ，「浜松って，あまり外国人に知られていないんだね」と，児童に現状を伝えた。すると児童は，「浜松にもたくさんいいところがあるのに」「なんで知らないんだろう」「そうだ，浜松のいいところを英語で発信しよう」と，コミュニケーションを行う「目的や場面，状況」を作り始める。

　元々，小学校の外国語のスタートは，「中身が先」であった。伝える「内容」が先にあり，その後に「英語」がくる。

　コミュニケーションを行う「目的や場面，状況」のある活動を作ることは，小学校の外国語では，当然のごとく行われてきた。

　さて，次は中学校の出番である。最初は難しいかもしれないが，**「目的や場面，状況」を作り出す見方や考え方を備え，考える習慣を作れば，**意外と楽に作り出すことができるようになるのではないかと予測する。

　本書が，その一助となれば幸いである。

2023年8月

瀧沢広人

Contents

はじめに

話すこと・聞くこと

読むこと・書くこと

話すこと・聞くこと

読むこと・書くこと

話すこと・聞くこと

読むこと・書くこと

1

リアルな言語活動になる「目的や場面，状況」設定のポイント

「目的や場面，状況」を意識した言語活動

　新教育課程になり，「目的や場面，状況」ということばをよく耳にするようになった。何かあれば，「目的や場面，状況」の話になる。

　『中学校学習指導要領（平成29年告示）解説　外国語編』の中にも，繰り返し，その必要性が綴られている。（太字強調は筆者）

・コミュニケーションを行う際は，その「目的や場面，状況など」を意識する**必要があり**，（後略）(p.13)

・外国語教育の特性として「コミュニケーションを行う目的や場面，状況など」を設定し，（中略）**学習過程の改善・充実を図る必要**がある。(p.13)

・こうした「目的や場面，状況など」は，**外国語を適切に使用するために必要不可欠**である。(p.14)

・実際の指導に当たっては，コミュニケーションの目的や場面，状況などを考えた上で，（中略），指導方法を**工夫することが求められている**。(p.53)

　では，なぜ必要なのであろうか。「はじめに」（本書 p.2）でも記したが，言語は，「場面」や「状況」に応じて，使用する語彙や表現が異なってくる。言語使用とは，与えられた場面や状況に応じて，言語を用いることを意味する。例えば，「練習場面」では，What are you doing? --- I'm ...ing. でよいが，「目的や場面，状況」に応じた言語活動の場面では，次のような返答もあり得る。

Mother：What are you doing?

　　Bob：I'm sorry.

Mother：Clean it.

　要するに，コミュニケーションを行う「目的や場面，状況」の設定が大事になるということである。学んだ英語を，実際のコミュニケーションにおいて活用できる技能とするためには，「練習場面」とは別に，「目的や場面，状況」を設定した言語活動を行うことが求められる。

2　では,「言語活動」って何？

　『中学校学習指導要領（平成29年告示）解説　外国語編』では，「言語活動は，『実際に英語を使用して互いの考えや気持ちを伝え合うなど』の活動を基本とする」（p.85）という。

　学習指導要領の中にも，話すこと［やり取り］を例に挙げると，次のように言語活動例が示されている。これらに，「目的や場面，状況」を付け足せばよい。

話すこと［やり取り］

㋐ 関心のある事柄について，相手からの質問に対し，その場で適切に応答したり，関連する質問をしたりして，互いに会話を継続する活動。

㋑ 日常的な話題について，伝えようとする内容を整理し，自分で作成したメモなどを活用しながら相手と口頭で伝え合う活動。

㋒ 社会的な話題に関して聞いたり読んだりしたことから把握した内容に基づき，読み取ったことや感じたこと，考えたことなどを伝えた上で，相手からの質問に対して適切に応答したり自ら質問し返したりする活動。

　　　　練　習　　━━━━━━━━━━▶　　適切な言語使用

A：Do you have an eraser?　　　　　A：Oops.　I made a mistake.

B：Yes, I do.　　　　　　　　　　　　　　Do you have an eraser?

　　　　　　　　　　　　　　　　　　　B：Here you are.

　　　　　　　目的や場面，状況

---

1 「目的や場面, 状況」を入れると, 自然と「相手」が見えてくる !?

教科書には, よく次のような課題が見られる。

Let's Write! 今までに行ったところでよかった場所を, 例にならって書いてみよう。

例) I went to Hokkaido last year. I enjoyed eating seafood.
It was delicious.

ここに,「目的や場面, 状況」を入れてみる。

ALT の Mike 先生が, 今度の夏休みに, どこか行きたいと言っているんだって (場面)。みんなが今までに行ったことのあるところでよかったところを教えてあげて (目的)。

このように場面や目的を入れてみるのである。すると,「相手」が生まれる。誰に向けて伝えるのかが明確になる。

きっと, 生徒は, Mike 先生のことをイメージしながら, 考えて英語を用いることになるだろう。

さらに, ここに,「状況」を加えてみる。「実は, Mike 先生には, 3歳と2歳の子どもがいます」と付け足す。

すると, 必然的に, **子どもが楽しめる場所**を生徒は紹介しようとする。

より相手を意識した内容を考えることになる。

また，**読み手や聞き手からの反応**があると，より意味のある活動になる。

例えば，Mike 先生から後日，Thanks for showing me a lot of places to visit. Kanta told me about Fureai Park. I'm interested in going there because my kids enjoy playing on a slide. と，フィードバックが返ってくると，より意味のある言語活動の展開となる。

2　では，「相手」は誰？

「目的や場面，状況」を設定する際，「相手を誰にするか」を考えることも大事である。英語を使用する必然性があるため，通常は，**ALT が相手**というのが，一番設定しやすい。しかし，毎回同じでは，マンネリ化する。

そこで，**海外の中学生や，海外に住む外国人を相手**にする。海外の中学校からビデオレターを送ってもらい，「日本で流行っているおすすめのまんがを教えて」のように，お願い事を言ってもらうようにする。生徒は，要望に答えるために，英語を用いて伝える。しかし，相手は中学生でなくても，ALT の家族や，かつての ALT，非英語圏の人たち等，外国人であればよい。

さらに，**同級生や先輩・後輩，小学生等を相手**にすることも可能である。ただ，日本人同士では，英語を使用する必然性は感じないので，そこに必然性を作り出さなくてはいけない。必然性の1つは，英語の授業だから英語を使うということである。また，相手を小学生とした場合，「中学校になったら，こんなに英語が話せるようになるんだというところを見せましょう」と，活動に意味をもたせ，英語使用の必然性を創ることとなる。

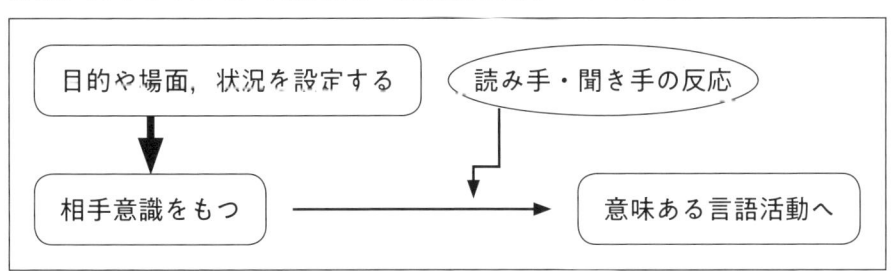

1 「みんなはどうなの？」と尋ねることで「場面」が生まれる

「目的や場面，状況」を難しくしているのは，敢えて，そういう場面や状況を作り出さなくてはいけないと考えるからである。

例えば，教師が自分の好きな本について語るとする。

その後，次のように言ってみる。

T: みんなはどんな本が好きなの？
　　What kind of book do you like? Please tell me yours.

このように展開すれば，そこに，「目的や場面，状況」が生まれる。

教師が生徒の好きな本を知りたいという**「場面」**で，それに生徒が応える**「目的」**が生まれ，教室でみんなの前で発表する**「状況」**となる。

みんなはどうなの？（How about you?）と尋ねることで，コミュニケーションを行う「目的や場面，状況」を作ることができると考える。

2 伝え合う「目的」を作る

ペアで Small Talk をする。その後，ペアとどんな内容の対話をしたのか確認することで，言語活動を行う。しかし，そのままストレートに，Tell me about your talk with your partner. と言うのでは，そこに，コミュニケーションを行う「目的」は薄い。

なんのために Report するのか，その**「目的」**を示したい。

例えば，「先生はみんなの友だちのこと，よく知らないから教えて」とす

る。するとそこに，教師からペアについて教えてと頼まれたという**「場面」**で，教師にペアのことについて伝えるという**「目的」**が生まれ，それを教室でみんなの前で伝えるという**「状況」**となる。

　実際，教師は生徒1人1人のことを，十分知らない。「生徒のことをよりよく知りたいので，友だちのことを教えて」と，**「場面」**を作る。

　「教師が知りたいから教えて」とすることで，**「目的や場面，状況」**が生まれるのである。

　このように，何か活動をさせる時に，その活動をなぜ行うのかコミュニケーションの**「目的」**を意図的に加えることをしたい。

3 「なぜ行うのか」を考える

　「目的や場面，状況」を設定する際，「なぜこの活動をするのか」「どんな場面でこの活動が行われるのか」を自問自答するとよい。

　日本文化がテーマとすれば，「なぜ日本文化を紹介するのか」「誰に向けて行うのか」を考えるのである。

　どんな時に，日本文化を外国人に紹介するだろうか。

　例えば，「外国人の知り合いと，遊びの話題になり，けん玉や将棋，お手玉などの日本の遊びについて知らせる」「外国人を家に招待した時に，家の中に入る際は靴を脱ぐことや，箸の使い方を教える」などの**「場面」**が見えてくる。

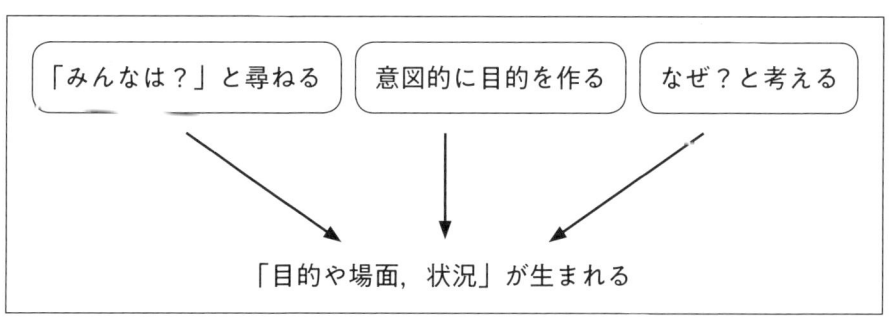

1 教室内が, 英語使用の「目的や場面, 状況」になっている

そもそも, 生徒と教師との**対話の中に**,「目的や場面, 状況」があると, 筆者は考える。

例えば, 国旗（白黒）を見せ, 次のように生徒と対話する。

T ： Look. This is a flag of France.
　　　What colors are used?
S1 ： Blue. S2：White. S3：Green.
T ： Is that right?
S4 ： Red!
T ： Yes, blue, white and red are used in this flag.
　　　How about this flag? What country is it?
S5 ： U.S.A.
T ： Right. What colors are used?
S6 ： Blue is ... used.

生徒は教師の問いに対して, 自分の考えを伝えてくる。

言語活動を「互いの考えや気持ちを伝え合うなどの活動を基本とする」のであれば, 上記のやり取りは言語活動であり, コミュニケーションを行う「目的や場面, 状況」が, 自然と存在する。

教師が白黒の国旗を見せ, 生徒に尋ねるという**「場面」**, 生徒は, 教師の問いに応えるために英語を用いるという**「目的」**, 生徒が応えたことについて, 尋ね直すなどの**「状況」**が, そこに生まれる。

つまり，教室内の生徒と教師との英語でのコミュニケーションのやり取りの中には，必然的に「目的や場面，状況」が生まれると考える。

2　生徒は本物を求める

筆者はある年，初めて会う中学生に対して，授業を行う機会を得た。
その時の授業展開は，以下である。

①アメリカ人のビデオレターを見る。
②そのアメリカ人と Zoom で話をする。

実は，①と②の間に，ビデオレターを見て，アメリカ人に質問したいことをグループで出し合い，その後，グループ毎に３分間ずつ，実際に会話するように考えていた。しかし，時間がなく，ビデオレターを視聴した後，すぐに，

Let's talk with Mike.　と言って，Zoom に接続を始めた。

すると，想定内ではあったが，生徒から，「え？本当に話すの？」「アメリカとつなぐの？」と驚いた様子が見られた。

この後，画面にアメリカ人が現れ，「本物」の体験となる。

筆者は，**言語使用の「本物」を生徒に与えたかったのである。**

架空の話ではなく，本当のことで英語を使わせたかったのである。

そんな授業が年に１回でもできるとよいかな，と強く思う。

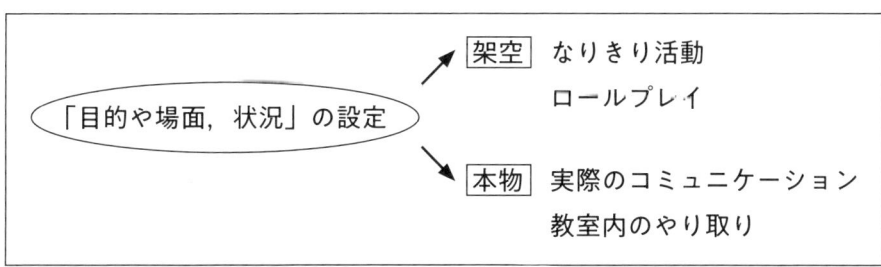

2

中学1年の
言語活動
アイデア20

01 友だちとの共通点を見つけよう

言語材料：be 動詞・一般動詞・疑問文　　時間：8分

目的・場面・状況	お互いの共通点を見つけていきながら，仲良くなるために，自己紹介し合う。

1　活動の内容

　人はお互いの共通点があることで，親しくなることがある。相手との共通点を見つけ，仲良くなるように自己紹介をする。

2　活動の手順

①隣のペアと自己紹介をする。（3分） STEP1

　S1：Hi, I'm Yuki. I like anime.

　S2：Hi, I'm Ken. I like soccer.

②自己紹介の「目的」を考える。（2分） STEP2

　T：自己紹介の目的には，お互いをよく知って，仲良くなるってことがあるよね。そして，もし自分がサッカーが好きで，相手も好きだったら，さらに，その話で盛り上がるよね？　今度は，お互いの共通点を見つけながら，自己紹介をしてみましょう。

③前後のペアで，共通点を見つけながら自己紹介をする。（3分） STEP3

　S1：Hi, I have a pet.　S2：Me too. What do you have?

　S1：I have two dogs. How about you?　S2：I have one dog.

・机間指導しながら，生徒の活動を褒める。

TIPS

　共通点が見つかったら，Hiro and I like music. などと発表させます。

01 友だちとの共通点を見つけよう

Class （   ） Number （   ） Name :

STEP1   自由に自己紹介をしてみましょう。

> Hello. My name is Kenta.
> I live in Kita-machi.
> My favorite sport is tennis.

> Hi. I'm Yumi.
> I like cooking.
> I live in Kita-machi.

STEP2   ところで，自己紹介の目的って何でしょう？

STEP3   お互いの共通点を探しながら，自己紹介をしてみましょう。

【メモ】

☞友だちとの共通点を，参考に書いてみましょう。

例）Hiro and I like comics.

02 部員を集めよう

言語材料：can・一般動詞・be 動詞・疑問文　　時間：10分

| 目的・場面・状況 | 部員を集めて部活動を行うために，仲間を募る。 |

1　活動の内容

部活動のリーダーになりきり，条件に合うメンバーを集める。

2　活動の手順

① ペアで，できることや得意なこと，好きなことを話し合う。(3分)　STEP1

S1：Hello. Do you like baseball?　　S2：No, I don't.

S1：What do you like?　　S2：I like drawing pictures.

② 言語活動の「場面・状況」を確認する。(2分)　STEP2

T：あなたは部活動のリーダーです。新入部員を集めないと活動ができません。そこで，条件に合う仲間を集めましょう。何部のリーダーになりますか。アニメ部とか，お笑い部など，架空のものでもいいです。また，どんな人が，その部活動に入るといいでしょうか。

③ 部員を集める。(5分)　STEP3

S1：Hello. Can you run fast?　　S2：Yes, I do.

S1：Can you throw a ball far?　　S2：So so.

S1：Are you strong?　　S2：Yes. I have power.

S1：Do you want to play rugby?　　S2：Yes!

TIPS

条件を考える際に，どんな英語を使ったらいいかも考えさせます。

02 部員を集めよう

Class （　　　　）　Number （　　　　）　Name：

STEP1 ペアで，できること，得意なこと，好きなことについて話をしましょう。

Are you good at running?
Can you swim?
What do you like?

No. I don't like running.
Well, I can't.
I like reading books.

できること	得意なこと	好きなこと	その他

STEP2 あなたは部活動のリーダーです。新入部員を集めないと活動ができません。そこで，条件に合う仲間を集めましょう。

❶何部のリーダーになりますか。（　　　　　　　　　　）部
❷部活動に必要だと思う条件を3つ考え，書きましょう。

部活動を行う上での必要な条件

STEP3 英語でやり取りをしながら，条件に合う部員を見つけましょう。

例）A：Hello.　　　　　　　　　　　　B：Hello.
　　A：Can you run fast?　　　　　　B：So so.
　　A：Are you good at kicking a ball?　B：Yes, I do.
　　A：Do you like soccer?　　　　　B：Sorry, I don't like soccer.

集めた部員

03 自己紹介動画を作成してオンラインで交流しよう

言語材料：小学校の復習・be 動詞・一般動詞　　時間：30分

目的・場面・状況	他国の生徒と互いのことを知り合う交流会で自己紹介をする。

1　活動の内容

ICT 端末等を用いて，1分程度の自己紹介動画を作成する。

2　活動の手順

①教科書の登場人物（あれば姉妹校の生徒）のスピーチを聞く。(5分)　STEP1

スピーチ例：ALT に依頼して録画するか，教師が話してモデルを示す
Hello, my name is Maria. M-A-R-I-A. I'm from New Zealand. I'm on the dance team. I like hip-hop dance. I am good at sports. I especially like to play badminton. What sports do you play? Nice to see you. Good bye.

②自己紹介の内容を考えて，メモを準備する。(15分)　STEP2

T：スピーチをもとに，次はあなたの自己紹介のスピーチを考えましょう。

③ペアで練習した後，ビデオ撮影を行う。(10分)　STEP3

T：メモをもとにペアで発表練習をしましょう。後でビデオ撮影をします。

S：Hello. My name is Nozomi. I am a junior high school student in Niigata, Japan. I like music very much. My favorite musician is Taylor Swift. Do you like her? I practice calligraphy. I'm good at calligraphy. Thanks.

TIPS

ICT 端末等を活用し，自分のビデオを振り返る指導を行い，聞き手のことを考えた発表にできるよう相手意識をもたせましょう。

03　自己紹介動画を作成してオンラインで交流しよう

Class（　　　　　）Number（　　　　　）Name：

STEP1　自己紹介スピーチを聞いて，情報を書き入れましょう。

Name（名前）	From（出身）
Like（好きなこと）	Good at（得意）

STEP2　あなたの自己紹介のスピーチを考えましょう。メモは日本語でも英語でも OK。

STEP3　ペアで練習をしましょう。次の点を意識してお互いチェックしましょう。

アイコンタクトをしている。	できている	できていない
伝わる声量で話している。	できている	できていない
英語らしい発音で話している。	できている	できていない
必要に応じてジェスチャーなどがある。	できている	できていない
		（必要がない）

ビデオ（タブレット端末を使う）で撮影しましょう！

04 身近な話題で世界の人と交流しよう

言語材料：小学校の復習・be 動詞・一般動詞　　時間：15分

| 目的・場面・状況 | 他国や他地域の生徒と互いのことを知り合う交流会を行い，質問し合う。 |

1　活動の内容

オンラインで自己紹介をする想定で，一対一で互いに質問と応答を行う。

2　活動の手順

①生徒と教師でやり取りを行う。その後ペアで行う。（5分）　　**STEP1**

T：I love listening to music.　Yesterday, I watched a music TV program.　I'm a big fan of BUMP OF CHICKEN.　How about you? Do you like music?

S：Yes!　I like K-pop.

T：I see.　Do you have a favorite group?（以下略）Now, talk in pairs.

②ペアを変えながら，90秒会話を続け，相手のことについて知らなかったことを引き出すためにやり取りを行う。（5分）　　**STEP2**

T：席を移動しながら，3回会話します。相手の「へぇ！そうなんだ」を必ず1つ見つけましょうね。

③代表ペア，または代表生徒が教師とやり取りを行う。（5分）　　**STEP3**

TIPS

　やり取りは帯活動などで繰り返し行い，個別・全体にフィードバックをすることでだんだんと継続できるようになっていきます。① Repeat ② Reaction ③ Request for more information の3Rs を意識させましょう。

04　身近な話題で世界の人と交流しよう

Class（　　　　）Number（　　　　）Name：

Talk in Pairs!

STEP1 　先生と自己紹介をしてみましょう。

STEP2 　次のトピックについて，相手の知らなかったことを引き出すために話してみましょう。

> Do you like sports?

> Are you interested in music?

> Do you like movies?

> Are you interested in comics?

> What food do you like?

STEP3 　ペアで自己紹介をしましょう。

☞コミュニケーションが継続できる３つの Rs

1．Repeat （繰り返す）	A：I'm a Tigers fan. B：A Tigers fan?
2．Reaction （黙らずに反応する）	A：I'm a Tigers fan. B：Oh, really? Me too.
3．Request for more information （情報を引き出す質問をする）	A：I'm a Tigers fan. B：Me too. Who is your favorite player?

05 絵の内容をうまく伝えられるかな？

言語材料：現在進行形・三人称単数現在形　　時間：15分

目的・場面・状況	美術展に行けなかった人にどんな絵であったか，絵の内容を伝える。

1　活動の内容

　4人1組の班になり，1人は絵描きになる。廊下に1枚の絵がある。1人ずつ絵を見に行き，班の絵描きに絵の様子を伝える。

2　活動の手順

①4人班を作り，絵描きを1人決める。（3分）

T：Make a group of four. Put your desks together.

Ss：（4人班を作る）

T：We need one drawer in each group.　Ss：（絵描きを決める）

②「場面・状況」を確認し，やり方を理解する。（2分）　　STEP1

T：絵描き以外は，今から順番に1人ずつ，美術展に行きます。班に戻り，そこで見た作品を絵描きに伝えます。1人が伝え終わったら，次の人が見に行きます。絵描きは，聞いた内容の絵を完成させます。

③活動を開始する。（10分）　　STEP2

S1：（廊下の絵を見てきて）Two boys are running here.（指で指す）

S2：A girl is singing under the tree. She has long hair.

絵描き：What is she wearing?

TIPS

　絵は，ICT端末等で写真に撮り，共有機能を使って共有します。

05　絵の内容をうまく伝えられるかな？

Class （　　　） Number （　　　） Name：

STEP1　美術展に行けなかった友だちのために，絵の内容を伝えましょう。

【1人目】

A boy is playing the guitar on the bench.
The bench is here.（紙に指で指す）

What is he wearing?

He is wearing glasses and long pants.
He has short hair.

【2人目】

Two girls are playing badminton.
They are wearing skirts.

Thank you.

【3人目】

Birds are flying here.（指で指す）

How many birds?

Three birds.

このように，順番に1人1つずつ絵の内容を伝えていきます。

STEP2　やってみましょう。

06 日本の学校行事・生活を世界に発信しよう

言語材料：現在形・現在進行形　　時間：50分

目的・場面・状況	他国や他地域の生徒との交流会で，学校行事や生活を伝える。

1　活動の内容

　体育祭や文化祭，合唱コンクールなどの学校行事や給食，部活動，学習する授業など学校生活を写真や動画を用いて紹介する活動。

2　活動の手順

①**教科書の登場人物（あれば姉妹校教師・生徒）からの質問を読む。**（3分）

STEP1

> アメリカ出身の生徒からの質問：Our school has an event called "pajama day". Look at this picture. Students and teachers are wearing their own pajamas on the day. How about in Japan? Do you have any interesting events?

②**伝えたい学校行事や学校生活を考える。**（17分）　　STEP2

　T：アメリカには面白い学校行事があるみたいですね。日本にもきっと世界が驚くような学校行事や生活があるはず。モデル文を読んだ後，グループで協力してプレゼンを作成しましょう。

③**グループ（班）で紹介プレゼンを作成する。**（30分）　　STEP3

TIPS

　全員参加の授業のために，班員1人1人に役割を与えましょう。

06 日本の学校行事・生活を世界に発信しよう

Class（　　　　　）Number（　　　　　）Name：

STEP1　次の英語を読んで，考えましょう。

Our school has an event called "pajama day". Look at this picture. Students and teachers are wearing their own pajamas on the day. How about in Japan? Do you have any interesting events?

☞どんなことが書かれている？　尋ねられたことは何？

STEP2　伝えたい学校行事や学校生活を考えましょう。

【わたしの考え】　　　　　　【みんなの考え】

この役割は誰がする？
スライド作成
英文作成
相手の学校文化を調べる

STEP3　モデル文を参考に，グループ（班）の発表原稿を書いてみましょう。

These are pictures of our sports day. In Japan, we form different teams in the different colors. In this picture, we are taking a bar and running. It is the "eye of the storm relay". It is very exciting! At the end of the day, we perform a dance as the teams.

スライド写真

07 YouTuber になって企業案件の CM を作ろう

言語材料：can・命令文・現在進行形・三人称単数現在形　　時間：50分

目的・場面・状況	YouTuber になって，商品や企業の活動を応援する動画を作成する。

1　活動の内容

　YouTuber になりきって2人以上のペアまたはグループで話すこと［やり取り］を展開する。1分程度の短い時間内でも，3，4往復の会話で CM 作成が可能。

2　活動の手順

① YouTube で2つの CM を試聴する。（7分）　　　　　　　　STEP1

　　例）・Quaker Life Cereal - Mikey Hates Everything（1972）
　　　　・ジャパネットたかた　南アルプスの天然水（5分30秒くらいまで）

②ペアやグループになって，内容を相談する。（30分）　　　STEP2

　　T：2つの CM の内容や表現を確認した後は，みなさんが CM を作るつもりで考えましょう。まずは個人で考え，次にグループ（班）で表現の相談をします。CM の制限時間は1分です。

③練習をした後，ビデオ撮影を行う。（13分）　　　　　　　STEP3

　　T：教室内で練習した後は，学校内で自由に作品を撮影しましょう。

TIPS

　学習した表現で商品やメッセージのポイントを伝える目的を考えさせることが大切です。自由度の高い活動なので，ある程度は生徒に委ねましょう。

07 YouTuber になって企業案件の CM を作ろう

Class（　　　）　Number（　　　）　Name：

STEP1 企業の商品案内ビデオを観てみましょう。

例）Quaker Life Cereal – Mikey Hates Everything（1972）

例）ジャパネットたかた　南アルプスの天然水（5分30秒くらいまで）

STEP2 考えよう。どんな商品やメッセージを伝える？

STEP3 英語でプロット（脚本）を書きましょう。

↓名前など

（　　　）＿＿＿＿＿＿＿＿＿＿＿＿＿＿＿＿＿＿＿＿＿＿＿＿＿＿＿＿

（　　　）＿＿＿＿＿＿＿＿＿＿＿＿＿＿＿＿＿＿＿＿＿＿＿＿＿＿＿＿

（　　　）＿＿＿＿＿＿＿＿＿＿＿＿＿＿＿＿＿＿＿＿＿＿＿＿＿＿＿＿

（　　　）＿＿＿＿＿＿＿＿＿＿＿＿＿＿＿＿＿＿＿＿＿＿＿＿＿＿＿＿

（　　　）＿＿＿＿＿＿＿＿＿＿＿＿＿＿＿＿＿＿＿＿＿＿＿＿＿＿＿＿

（　　　）＿＿＿＿＿＿＿＿＿＿＿＿＿＿＿＿＿＿＿＿＿＿＿＿＿＿＿＿

（　　　）＿＿＿＿＿＿＿＿＿＿＿＿＿＿＿＿＿＿＿＿＿＿＿＿＿＿＿＿

Chapter2　中学一年の言語活動アイデア20

08 私の「推し」人物を紹介しよう

言語材料：三人称単数現在形・can・過去形　　時間：40分

目的・場面・状況	世界に知って欲しいあなたの「推し」は誰？というスピーチコンテストに出場する。

1 活動の内容

人物紹介をする活動。名前や職業（立場）などの基本的な情報だけでなく，その人物の「推し」ポイントを伝える。ICT端末等を活用するとなおよい。

2 活動の手順

①教師とのやり取りから，モデルスピーチを聞く。（2分）　　STEP1

T：I found an interesting speech contest last week.　Why don't you join the contest?（写真を見せ）Do you know this person? ...

②スピーチコンテストの「目的」をもとに考え，準備する。（30分）　STEP2

T：「もっと世界に知ってもらいたい」人を紹介します。有名人でなくても，キャラクターでもOK。「この人マイナーだからなぁ」は大歓迎です。スピーチコンテストの発表時間は1分です。

③ペア，グループで考えたスピーチを発表する。（8分）　　STEP3

Do you know this man?　His name is Nure-zukinchan.　He loves saunas very much.　He knows a lot of saunas and delicious foods at spa-restaurants.　I like his comments in TV shows.　He always says great words.　So I like him.

TIPS

「知ってもらいたい人」という設定で，マイナーなほど価値が出ます。

08 私の「推し」人物を紹介しよう

Class （　　　　） Number （　　　　） Name：

My favorite Person Speech Show!

STEP1　モデルスピーチを聞きましょう。

STEP2　もっと世界に知ってもらいたい人を紹介します。あなたの「推し」の人物やキャラクターを紹介しましょう。まずはメモを作りましょう。

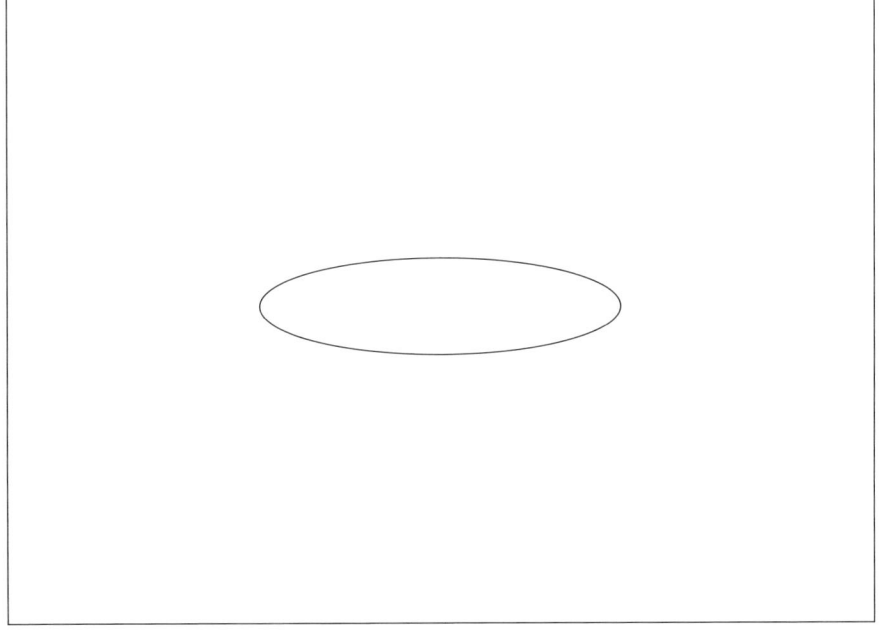

STEP3　あなたの「推し」を紹介しましょう。

☞話し始める時は…

Hello, I'll talk about my favorite person［character］.

☞話し終わった時は…

Thank you for listening.

09 日本では新年はどう過ごす？

言語材料：過去形（規則動詞／不規則動詞）　　時間：20分

目的・場面・状況	ALT から「新年はどのように過ごしたか」と尋ねられた。そこで，新年の過ごし方を伝える。

1　活動の内容

ALT に，「年末年始をどう過ごしたのか」を伝える。

2　活動の手順

① **ALT の話を聞き，コミュニケーションの「目的」を確認する。**（3分）

ALT：I spent New Year's Day in Italy.　I ate beans on New Year's Eve. If we eat beans, we can get much money.　People in Italy wore red underpants.　I did too.　How did you spend New Year holidays?

　T：みんなが年末年始をどのように過ごしたか知りたいんだって。

② **ペアで年末年始の過ごし方を伝え合う。**（4分）　　　　　STEP1

S1：What did you do on New Year holidays?

S2：I ate *toshikoshi-soba*, and I watched a comedy show.

③ **ALT に，年末年始にやったことを伝える。**（5分）　　　　STEP2

ALT：Please tell me how you spent New Year holidays?

④ **話題を整理して，ALT に向けて書く。**（8分）

　T：今，伝えられなかった人も，ALT の先生に伝えるように書きましょう。

TIPS

日本人教師も，どのように過ごしたのかを語ります。

09　日本では新年はどう過ごす？

Class（　　　　）　Number（　　　　）　Name：

STEP1　年末年始にやったことを友だちと伝え合いましょう。

Hello. How did you spend New Year holidays?

Yes. I ate *soba*, and my family watched a comedy show. We laughed a lot.

On New Year's Eve, I ate *soba* and I went to the nearby shrine with my sister. It was cold. Did you eat *soba*?

☞こんなことも言えるかな？

何を願ったの？　What did you pray for? --- I prayed for a good year.

どこか行った？　Did you go somewhere in the New Year? --- I went shopping.

何を食べた？　What did you eat in the New Year? --- We ate *osechi*.

STEP2　ALT の先生に向けて，年末年始にやったことを伝えましょう。

_____

_____

_____

_____

_____

_____

_____

_____

10 先生役と生徒役でロールプレイをしてみよう

言語材料：過去進行形・過去形　　時間：15分

目的・場面・状況	担任の先生から呼び出しを受け，質問され，昨夜の様子を伝える。

1　活動の内容

　生徒はペアになり，先生役と生徒役に分かれる。生徒役は，遅刻したり，宿題をやってきていなかったりする面が見られ，先生役は指導する。

2　活動の手順

①生徒の昨夜の様子を尋ねる。（3分）

T：Last night, I was too sleepy.　When I was watching TV, I fell asleep in *kotastu* at 8.　グ〜〜〜.　What were you doing at 8?

S1：I was studying at *juku*.　　S2：I was watching TV.

②ロールプレイ1の「場面・状況」を確認する。（6分）　　STEP1

T：Today, we'll do a role play.　「場面1」は，生徒が遅刻したので，先生が生徒を呼び，指導します。窓側は先生役，廊下側は生徒役です。

S1：Hello.　I'm sorry to be late this morning.

S2：I'm worrying about you.　What happened?

③ロールプレイ2の「場面・状況」を確認する。（6分）　　STEP2

T：「場面2」は，どうも生徒は宿題を忘れてばかりいます。窓側は生徒役，廊下側は先生役になりましょう。Let's start.

TIPS

ロールプレイ後，数ペアに発表してもらい，共有タイムをとります。

10 先生役と生徒役でロールプレイをしてみよう

Class （　　　　　）Number（　　　　　）Name：

STEP1 　次の場面で，友だちとロールプレイをしてみましょう。

☞場面1 　生徒は今朝，遅刻をしました。最近，遅刻が多いので心配です。そこで，先生は
生徒を呼び，昨日の様子や，家庭生活について尋ねます。

You were late this morning again. What time did you go to bed?

I went to bed at 1 am.

What were you doing?

I was studying.

Really? How long did you study?

For three hours.

STEP2 　次の場面で，友だちとロールプレイをしてみましょう。

☞場面2 　生徒は宿題を忘れてしまいました。最近，宿題忘れが多いので心配です。そこで，
先生は生徒を呼び，昨日の様子や，家庭生活について尋ねます。

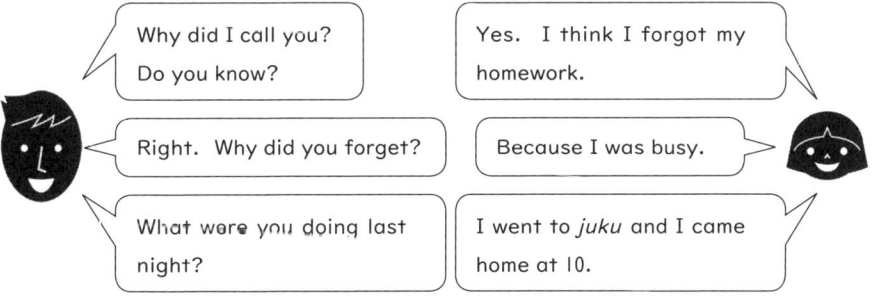

Why did I call you? Do you know?

Yes. I think I forgot my homework.

Right. Why did you forget?

Because I was busy.

What were you doing last night?

I went to *juku* and I came home at 10.

発展 　ロールプレイした会話をノートに書いてみましょう。

01 友だちとプロフィールカードを交換しよう

言語材料：既習表現　　時間：17分

目的・場面・状況	自分のことを相手によく知ってもらうために，プロフィールカードを作って交換し合う。

1　活動の内容

プロフィールカードを作って，友だちと交換し合う。

2　活動の手順

①教師のプロフィールを聞き，活動の「目的」を知る。（3分）

T：This is my profile card.　My birthday is January 19th.
　　My blood type is O.　My character is cheerful and positive ....
　　今日は，プロフィールカードを作り，交換し合って，お互いをさらに
　　よく知り合いましょう。

②プロフィールカードに書く。（7分）　　　　　　　　　　STEP1

③プロフィールカードを切る。（2分）

T：Do you have scissors?　Cut off your profile cards.

④プロフィールカードを交換し，お互いをよく知る。（5分）　　STEP2

T：Now, make pairs and exchange your cards.　Talk in pairs.
S1：Hello. Oh, your blood type is A.　My blood type is A too.
S2：Yes.　You like comedy.　I like comedy too.　I like ナイツ.

TIPS

実際に④の活動をさせる前に，活動の見本を見せるとよいでしょう。

01 友だちとプロフィールカードを交換しよう

Class（　　　　） Number（　　　　） Name：

STEP1 プロフィールカードを作成しましょう。

名前 _____　　誕生日 _____

血液型 _____　　性格 _____

好きな食べ物 _____　　将来の夢 _____

好きなこと _____　　得意なこと _____

その他 _____

名前 _____　　誕生日 _____

血液型 _____　　性格 _____

好きな食べ物 _____　　将来の夢 _____

好きなこと _____　　得意なこと _____

その他 _____

STEP2 プロフィールカードを切って，友だちと交換しましょう。

02 なりきり自己紹介作文（Who am I?）

言語材料：小学校の復習・be 動詞・一般動詞　　時間：35分

目的・場面・状況	クイズ番組「この人は誰?! でショー」をする。クラスメートの意外な一面を紹介し，クラスの仲を深める。

1　活動の内容

Who am I? クイズを作成する。事前に全員に設けられた質問に記入させ，それらをランダムにクラス1人1人に配付する。渡された人のことについて情報をもとに書き，最後はクイズを行う。

2　活動の手順

① Who am I? クイズを出題し，方法を伝える。（5分）　　`STEP1`

T：Who am I? I am a teacher in this school. I like playing *shogi*. I also like watching *shogi* too. I'm a Mr.Fujii fan. <u>I am funny and cool.</u>（下線部は出題者が付け加えたもの）性格やいいところを付け加えます。

②情報カードに記入後，ランダムに配付し，クイズを作る。（20分）　`STEP2`

T：もらったカードをもとに，なりきり自己紹介を考えてください。ただし，人をおとしめるような内容や表現は絶対にダメです。最後には，その人のいいところや特技などを書き加えましょう。

③グループ内でクイズを出題し合う。（10分）　　`STEP3`

> **TIPS**
>
> 　最初に教師が出題するクイズで，別の先生のことを褒めちぎりましょう。教室があたたかくなります。

02　なりきり自己紹介作文（Who am I?）

Class（　　　　　）Number（　　　　　）Name：

STEP1　先生が出題するクイズを聞きましょう。

STEP2　もらった Information Card をもとに，なりきり自己紹介作文を書きましょう。

_____

_____

_____

_____

_____

_____

性格・特性などを表す形容詞

active 活発な　　　creative 創造力がある　　funny 面白い　　　　smart かしこい

brave 勇敢な　　　famous 有名な　　　　　kind やさしい　　　　strong 強い

cheerful 元気な　　friendly 気さくな　　　shy 恥ずかしがりの　　tough たくましい

STEP3　グループ内で Who am I? クイズをしましょう。

- -

Information Card（記入して，クラス内でランダムに配付します。）

Name	Like
Club activity	Don't like
Favorite ［singer / movie / actor / anime / YouTuber］ is …	

43

03 行ってみたい国を紹介しよう

言語材料：小学校の復習・want to　　時間：35分

目的・場面・状況	まちの国際交流課で，小中学生が交流したい国を募集している。新しい交流先として候補地を挙げる。

1 活動の内容

小中学生の交流先としてよいと思う場所を，その国や地域の観光地，食文化，伝統文化などを読み手に伝わるように書いて魅力を伝える。

2 活動の手順

① WORKSHEET のモデル文を読む。(5分) 　　　**STEP1**

T：次の文章は，昨年実際に提案された文章です。どこに行ってどんなことがしたいと書かれていますか。

（答え）タイに行って，歴史的建造物や辛い料理を楽しみたい。

②書く。(20分) 　　　**STEP2**

T：小中学生が現地で楽しめる魅力がたっぷりの提案をしましょう。

③グループで読み合い，1位を決める。(10分) 　　　**STEP3**

S1：Indonesia is a nice country.　We like swimming in the sea.　Bali Island is famous for the beautiful sea.　We can enjoy marine sports.　Indonesia is famous for big temples too.　We can visit the Borobudur Temple; the world heritage site.　I want to go to Indonesia.

TIPS

条件を「小中学生が楽しめる場所」にして思考を促します。

03 行ってみたい国を紹介しよう

Class（　　　　）　Number（　　　　）　Name：

STEP1　次のモデル文を読みましょう。

Thailand is a great country.

We can see many historical buildings.　For example, we can visit the City of Ayutthaya.　It is a world heritage site.　I like spicy food.　Thailand is famous for night markets.　I want to eat hot chicken.　I want to go to Thailand.

*historical 歴史的な　the City of Ayutthaya アユタヤ遺跡

world heritage site 世界遺産　spicy 辛い

【答え】

（　　　　　　　　　　　　）に行って，（　　　　　　　　　　　　　　　）や
（　　　　　　　　　　　　　　　　　　）たい。

STEP2　Write!　あなたのアイデアを書きましょう。

国名：（　　　　　　　　　　）

やってみたいこと：（　　　　　　　　　　　　　　　　　　　　　　　）

STEP3　グループ内で読み合い，１位を決めましょう。

45

04 聞き逃した話について，質問しよう

言語材料：疑問詞（what / where / when / how / how many）　　時間：15分

目的・場面・状況	ALT が話をしている間に，いくつか聞き逃してしまった。聞き逃した部分を尋ね，情報を得る。

1 活動の内容

ALT が話した内容を読み，聞き逃した部分（×××）を尋ねる。

2 活動の手順

①どのような疑問詞があったか確認する。（2分）　　**STEP1**

　T：今までに色々な疑問詞を習ってきましたね。どんな疑問詞があった？

Ss：what, where, when, how ....（T：疑問詞を板書する）

　T：では，STEP1をやってみましょう。

（答え）❶ What　❷ Where　❸ When　❹ How many　❺ How

②ALT の話を読み，聞き逃した部分を尋ねる文を書く。（6分）　　**STEP2**

　T：Look at STEP2.×××のところを聞き逃してしまったようですね。
　　　聞き逃したところを尋ねるには，どんな風に尋ねたらいいかな？

③どのような文を作ったか発表する。（7分）

　　T：聞き逃した部分を尋ねましょう。ALT の先生が応えてくれます。

　S1：What sport do you play?

ALT：I play cricket.　It is popular in my country.

TIPS

　尋ねる文を書いたら，友だちはどんな英語を使ったか見比べさせます。

04 聞き逃した話について，質問しよう

Class （　　　　）　Number （　　　　）　Name：

STEP1　次の＿＿＿＿に入る疑問詞を書きましょう。

❶ ＿＿＿＿＿＿＿ food do you like? --- I like Japanese food.

❷ ＿＿＿＿＿＿＿ do you live? --- I live in Paris, France.

❸ ＿＿＿＿＿＿＿ is your birthday? --- My birthday is August 13th.

❹ ＿＿＿＿＿＿＿ ＿＿＿＿＿＿＿ pencils do you have? --- I have three.

❺ ＿＿＿＿＿＿＿ do you spell your name? --- H-I-R-O-T-O. Hiroto.

STEP2　ALT の Libby 先生が，クラスのみんなに，ある提案をしています。それを聞いていたあなたは，いくつか聞き逃してしまいました。聞き逃した部分を，Libby 先生にどのように尋ねればいいでしょうか。

> Hi, I'm Libby. I'm from ×××. My family is big. I have seven people and pets. I have two dogs, one cat, three birds and ××× turtles. Do you have any pets?
> I play ×××. In my country, we play it at school. We go to school by ×××. In Japan, school starts in April, but school in my country starts in ×××. Do you have any questions?

☞聞き逃した部分を Libby 先生に尋ねる文を書きましょう。

＿＿

＿＿

＿＿

＿＿

＿＿

05 クイズ大会用のクイズをつくろう

言語材料：三人称単数現在形・be 動詞　　時間：20分

目的・場面・状況	あなたの友だちのことをよく知ってもらうために，クイズを作り，授業でクイズ大会を行う。

1　活動の内容

クイズを作って，クイズ大会を行い，発表し合う。

2　活動の手順

①教師のクイズを聞き，活動の「目的」を知る。（2分）

T：This is a teacher in this school. He can play table tennis very well. He can play the violin too. He has two dogs. He is a big fan of the Giants.

Ss：あ，わかった！　Mr. Ogata?

T：Right. 今日はクイズを作って，友だちをよく知る機会としましょう。

②英語クイズを作る。（6分）　　　　　　　　STEP1

③グループ内でクイズを出し合う。（5分）　　　STEP2

T：Make a group. Give your quiz to your group member one by one.

④グループで１つクイズを選び，全体の前で発表する。（7分）　STEP3

T：今出し合ったクイズの中から１つ選び，全体の前で発表し，友だちのことをよく知ることができたらと思います。では，１つ選びましょう。Now, Group 1. Give your quiz.

TIPS

友だちのよい面を英語クイズで紹介するように伝えておきます。

05 クイズ大会用のクイズをつくろう

Class（　　　　）　Number（　　　　）　Name：

STEP1　友だちのことをよく知ってもらうために，英語クイズを作って紹介しましょう。
　　　　特に，友だちのよい面を伝えるようにしましょう。

【Quiz】

_____

_____

_____

_____

_____

STEP2　グループで，英語クイズを出し合います。1人ずつ立って発表しましょう。

【メモ】

STEP3　全体の前で，グループで1つずつ英語クイズを発表します。
　　　　友だちのことをよく知る機会としましょう。

Group	答え	（必要に応じて）メモ
Group1		
Group2		
Group3		
Group4		
Group5		
Group6		

自己評価　友だちのことをよく知れましたか。　　　はい　　まあまあ　　いいえ

06 願い事を書いてみよう

言語材料：want to・want to be able to 　　時間：15分

| 目的・場面・状況 | 七夕を話題とした ALT のニュースレターを読み，願いはことばに出すとよいことを知る。そこで，願い事を英語で書く。 |

1　活動の内容

ALT のニュースレターを読み，七夕に向けて願い事を英語で書く。

2　活動の手順

①七夕を話題とした Small Talk を行う。(5分)

T：When is the Star Festival?　　Ss：July 7th.（August 7th.）

T：Yes.　What do you do on that day?　Ss：We ....

T：What do you wish this year?　　S1：I wish ....

② ALT のニュースレターを読む。(5分)　　STEP1

T：Read the ALT's News Letter with your partner.

Ss：(何が書かれていたか確認する)

T：どんなことが書かれていましたか。ALT の先生は最後に何と言っていますか。

Ss：みんなも願い事を書きましょう。

T：では，英語で書いてみましょう。

③願い事を英語で書く。(5分)　　STEP2

・生徒は ICT 端末等でわからないことは調べたり，教師に尋ねたりする。

TIPS

願いを声に出すことによる「言霊の効果」などにも触れます。

06 願い事を書いてみよう

Class （　　　　） Number （　　　　） Name：

STEP1 ALTニュースが発行されました。あなたは友だちとそれを読んでいます。どんなことが書かれているか，友だちと読み合ってみましょう。

ALT's News Letter

What is Tanabata?

Orihime makes clothes for a god. The god is glad for that, so the God lets her to get married to Hikoboshi. They feel so happy that they don't work hard. So, the god separates them. Then they work hard again. The god sees them. The god lets them see once a year. That is the date, July 7th. If we wish on the day, the god makes our dreams come true. Why don't you write your dreams on paper?

STEP2 Write！　願い事を声にしたり，文字で書き残したりすると願い事が叶うと言われています。今，どんな願い事がありますか。英語で書いてみましょう。

例）I want to win the tennis tournament this August.

I want to be a champion in the judo tournament.

I want to be able to run fast.

○

○

07 私にとってのインフルエンサーを紹介しよう

言語材料：三人称単数現在形・過去形　　時間：30分

目的・場面・状況	学校の文化祭でインフルエンサー1グランプリをすることになり，自分に影響を与えた人物について英語で書く。

1　活動の内容

自分に影響を与えた人物（インフルエンサー）について書いて伝える。

2　活動の手順

① **WORKSHEET のモデル文を読む。**（5分）　　　　STEP1

　T：次の紹介文を読みましょう。どんなことが書かれていますか。

　（人物：ヌートバー選手　影響を与えたこと：闘志と学習に対する努力）

② **考える。**（5分）　　　　STEP2

　T：あなたに影響を与えた人物について，魅力や功績を書きましょう。偉人や有名人に限らず，家族や友人など身近な人でもかまいません。

③ **書く。**（20分）　　　　STEP3

　This is an influencer for me.　Her name is Naomi Watanabe.　She is a comedian in Japan.　She is good at dancing and singing.　She was a lonely child.　Her mother worked late every day.　So she always watched TV. She loved the world in the TV.　Her performance is wonderful.　I got courage from her.

> **TIPS**
>
> 　シンプルな表現で魅力が伝えられるよう日本語の変換法を教えます。

07 私にとってのインフルエンサーを紹介しよう

Class （　　　　） Number （　　　　） Name：

STEP1 次のモデル文を読みましょう。

This is an influencer for me. His name is Lars Nootbaar. He is a professional baseball player. His mother is from Japan, and his father is from the U.S.A. He played baseball in World Baseball Classic 2023. His fighting spirit was amazing. He studied Japanese and practiced speaking with his teammates. I love him.

*fighting spirit 闘志

STEP2 インフルエンサーについてまとめましょう。

　私にとってのインフルエンサーは…

☞誰？（　　　　　　　　　　）

☞どんな功績？影響？（　　　　　　　　　　　　　　　　　　　　）

STEP3 Write！　インフルエンサーについて英文で書いてみましょう。

08 行ってよかったところを ALT に伝えよう

言語材料：一般動詞の過去形・be 動詞の過去形・want to　　　時間：15分

目的・場面・状況	ALT が春休みにどこか出かけたいと言っている。そこで，今まで行ったことのあるところで，よかった場所を ALT に教える。

1　活動の内容

ALT が春休みにどこか出かけたいと言うので，アドバイスをする。

2　活動の手順

① 「場面・状況」を確認する。（2分）

　ALT：I want to visit somewhere this spring.　Where is a good place?

　S1：Gifu castle.　You can see a nice view.

② WORKSHEET で「場面・状況」を確認する。（1分）　　　**STEP1**

　T：今，Mike 先生がみなさんに尋ねましたが，みんなが行ったことのあるところで，よかった場所を教えてもらいたいと言っています。

③ ALT に確認しておきたいことを考える。（5分）　　　**STEP2**

　T：Mike *sensei*, I went to Shirakawa-go.　I enjoyed watching old houses.

　ALT：Yes, I went there two years ago.　Tell me other places.

　T：あらら。既に行ったところだったのですね。こうならないために，何か事前に Mike 先生に聞いておきたいことはありますか。

④ ALT におすすめの場所を伝える文を書く。（7分）　　　**STEP3**

TIPS

一方的に伝えるのではなく，相手意識をもった対話にします。

08　行ってよかったところを ALT に伝えよう

Class （　　　　） Number （　　　　） Name：

STEP1　ALT の先生がみんなに頼み事があるようです。読んでみましょう。

> I am planning for this spring.
> Where did you go in Japan?
> What is a good place?
> I'm happy if you tell me some places.　Thank you.

STEP2　ALT の先生に聞いておきたいことはありますか。ペアで相談し，もし，尋ねたいことがあれば，質問する文を書きましょう。

例）Which do you like, city or country?　　*country　田舎

STEP3　ALT の先生が春休みに，どこかに行きたいと言っています。あなたが今までに行ったことのあるところでよかったところを，例を参考に，ALT の先生に教えてあげてください。

例）I went to Gujo last year.　I saw cherry blossoms.　They were beautiful.　I ate eel.
　　It was so delicious.

09 教科書の登場人物に手紙を書こう

言語材料：現在形・過去形・未来表現　　時間：50分

目的・場面・状況	年度末に1年間お世話になった教科書の（できれば実在の）登場人物に，学習した英語を用いてメッセージを届ける（E-mail も可）。

1 活動の内容

　教科書の登場人物にメッセージを書く活動。1年間学んだ中で感じたことや，実在の人物であれば読んだ感想などを伝えることができる（思い切ってコンタクトを取るのもアリかもしれません）。

2 活動の手順

①教科書の誰に書くかを考える。（5分）　　STEP1

　T：1年間，この教科書で色々な人物と一緒に学習しました。あなたが最もメッセージを伝えたいと思う人物に手紙を書いてみませんか。実在の人なら，本当にお返事がもらえるかもしれませんね。

②どんなメッセージを伝えたいかを考える。（5分）　　STEP2

　T：出来事や行動に対する感情とその理由，伝えたいメッセージを書くと，手紙としてまとまりのあるものになります。ワークシートに書いてみましょう。

③実際に書く。（WORKSHEET or ICT 端末上で）（40分）　　STEP3

・ICT 端末等の使用は許可するが，語を中心にして文は既習表現を使わせる。

> **TIPS**
>
> 　日本語を全て英語にするのではなく，シンプルな表現に変換させます。

09 教科書の登場人物に手紙を書こう

Class （   ） Number （   ） Name：

STEP1 　手紙のモデルを読みましょう。

自己紹介 ⎡

Dear Ms. Amimoto,

　Hello, my name is xx. I am a junior high school student in xx.
I read your story in the textbook. Your effort was amazing. I
was excited. I am on the basketball team. I practice it hard
every day. I want to have a strong mind like you. I respect
you. Thank you for reading.

感想や
メッセージ ⎡

結び ⎡

Best,

xx

・手紙は三省堂の New Crown Iに登場する車椅子バスケ選手の網本麻里さんに生徒が実際に書いたもの

STEP2 　手紙の内容を考えてみましょう。

どの人物にどんな内容の手紙を書きますか。

☞誰に （　　　　　　　　　　　）

☞どんなメッセージを書くか（　　　　　　　　　　　　　　　　　　　　　）

STEP3 　Write！ 手紙を書いてみましょう。

10 旅先から ALT に手紙を書こう

言語材料：過去形・過去進行形・未来表現　　時間：40分

目的・場面・状況	旅行に出かけ，行き先から ALT に向けて旅の思い出を報告する。

1　活動の内容

　旅行先から ALT に向けて手紙を書く活動。何を食べて，どんな経験をしたかなど。実際に ALT の好きなものや関心のあるものを聞いておくと，さらに相手意識をもって書きやすい。

2　活動の手順

① WORKSHEET のモデル文を読む。(10分)　　`STEP1`

　T：次の手紙は誰から誰への手紙でしょうか。どんな内容でしょう。

　（答え）生徒から ALT へ。カナダからの便り。アイスホッケー観戦など。

②手紙を書く。(20分)　　`STEP2`

　T：どこでも好きな場所へ旅行に行き，現地から「お元気ですか。私はこんなことをしていますよ。」と報告する便りを出します。ALT の先生のことを思い出して，どんなことを報告しようか考えてください。

③グループ内で読み合い，フィードバックをする。(10分)　　`STEP3`

　S：ハワイいいね。ALT の先生はダンスが好きだからフラダンスのことも言うといいかも。僕は旅先の福島でハワイアンセンターにいった経験を書いたよ。

TIPS

　相手意識をもてるよう，事前に ALT の好きなものなどを伝えます。

10 旅先から ALT に手紙を書こう

Class（　　　　　）Number（　　　　　）Name：

STEP1 次の手紙を読みましょう。

あいさつ ⎡

行った場所
経験など

結び ⎣

```
Dear Ms. Cait,                                    March 16th
  How are you?  I am your student, Ryuto.  I am in Toronto,
Canada.  I arrived here last week.  It was cold, but I am fine
now.  Yesterday, I watched an ice hockey match in the stadium.
The players were very cool.  I ate pancakes with maple syrup.  I
love it.  I will buy some for you.
                                                      Love,
                                                      Ryuto
```

☞誰から誰への手紙？（　　　　　　　　　　　　　　　　　　　）
☞どんな経験が書かれている？（　　　　　　　　　　　　　　　）

STEP2 Write!　ALT の先生へ手紙を書いてみましょう。

☞どこに行く？（　　　　　　　　　　　　）
☞どんな経験を報告する？（　　　　　　　　　　　　　　　　　）

STEP3 グループ内で手紙を読み合いましょう。

3

中学2年の
言語活動
アイデア20

01 GW の計画を教えてもらおう

言語材料：未来表現（be going to / will）　　時間：13分

目的・場面・状況	新年度が始まり1か月。ほっと一息つける GW が目前。友だちの GW の計画を知りたいと思い，お互いに伝え合う。

1　活動の内容

　教師の GW（ゴールデンウィーク）の計画を話した後，生徒の GW の計画について伝え合う。

2　活動の手順

①教師の GW の計画を聞く。（3分）

　T：Hello. It is really a nice season. We'll have Golden Week. Do you have any plans? I am going to do farming. I need to plant some vegetables.

　　　What's your plan? I want to know about your Golden Week.

② GW の計画について整理する。（2分） `STEP1`

　T：ゴールデンウィークにするだろうなと思うことなどを，表に書きましょう。例えば，先生の場合は，4/29, 30は，farming，というように。

③ペアで GW にすることを伝え合う。（3分） `STEP2`

　T：Make pairs and talk about your Golden Week for 2 minutes.

④ GW にすることを書く。（5分） `STEP3`

　T：Write about your Golden Week.

TIPS

　I will と be going to, I'll の使い方の違いにも触れておきましょう。

01　GW の計画を教えてもらおう

Class（　　　　）　Number（　　　　　）　Name：

STEP1　　GW の予定を書いてみましょう。

／	／	／	／	／	／	／	／	／

STEP2　　GW にやろうと思っていることを友だちと伝え合いましょう。

Hello.　How will you spend this Golden Week?　For me, I'm going to play soccer games on May 3rd and 4th. We want to win the games.

On my Golden Week, I will visit my grandparents' house in Chichibu.　We will enjoy a barbeque.　Then I want to see some flowers.

☞こんなことも言えるかな？

何をするつもり？　What are you going to do?　--- I'm going to go shopping.

誰と行くの？　Who will you go with?　--- I will go with my sister.

予定がない／家にいる　I have no plan. / I will stay home.

STEP3　　先生にみなさんの GW の計画の思いを教えてください。

_____

_____

_____

_____

_____

02 ALT におすすめの場所を教えよう

言語材料：There is・You can ...　　時間：20分

目的・場面・状況	ALT が休みにどこかに行きたいと言っているので，おすすめの場所を紹介する。

1 活動の内容

ALT の興味・関心を尋ね，おすすめの場所を教える。

2 活動の手順

① Small Talk「暇な時間ができたら，どこに行って，何をする？」(3分)

　T：When you have free time, where do you usually go? I go to a hot spring. There is a good hot spring. I can relax by reading a book.

・ペアになり，Small Talk をする。

② ALT からのお尋ねを聞く。(2分)　　　　　　　　　STEP1

　例）ALT：This summer vacation, I want to take my kids somewhere. Do you have any good places to take them?

③ ALT への事前調査をする。(5分)　　　　　　　　STEP1

　T：何か，アドバイスする上で，尋ねておきたいことはありませんか？

　S1：子どもは何歳くらい？　S2：子どもは，日本のアニメが好き？

④ ALT におすすめの場所を紹介する。(10分)　　　　STEP2

　T：Does anyone show a good place for ALT?

TIPS

　ただ紹介するだけでなく，ALT の興味・関心や状況などを確認させます。

02 ALT におすすめの場所を教えよう

Class（　　　　　）Number（　　　　　）Name：

STEP1　ALT の先生が，今度の休みにどこかに行きたいらしいよ。みんななら，どこを
紹介する？

> Hello.　I want to go somewhere this coming holiday.　Are there any good places to visit?　Please tell me.

☞ ALT の先生に聞いておきたいことは何かあるかな？

☞行くとよい場所とその理由などを英語でメモしておきましょう。

おすすめの場所	何があるの？	何ができるの？

STEP2　ALT の先生におすすめの場所を紹介しましょう。
＊タブレット端末を使用して写真を見せてもいいね！

☞こんなことも言えるね。
　～がいいよ。　You should go to ～.
　～があるよ。　There is［are］～.
　～を楽しめるよ。　You can enjoy ～.

03 子どものころの思い出を発表しよう

言語材料：When I was ... ・過去形　　時間：18分

目的・場面・状況	あなたのクラスでは，お互いのことをよく知るために，子ども時代のことについて，発表会を行うことになった。

1　活動の内容

子ども時代を振り返り，特徴的な思い出を発表し合う。

2　活動の手順

①教師の子ども時代の話を聞く。（3分）

T：This is a picture when I was 2 years old.　I'm riding on a big turtle, but I don't remember it.　When I was in the fifth grade, I joined the running race.　I won the second place.

②STEP1を読み，表現を確認する。（3分）　　STEP1

T：Let's read STEP1.

③子どものころの思い出をメモする。（7分）　　STEP2

T：お互いのことをよく知るために，みなさんの子どものころのことで，伝えたいことをメモしていきましょう。時間は6分です。

④子どものころの思い出を伝え合う。（5分）　　STEP3

S1：Hello.　I was born in Kanagawa.　When I was 3 years old, I moved in this town.　When I was 5 years old, I enjoyed riding on a horse.

TIPS

必要に応じ，2時間扱いとし，次時に発表会を開きます。

03 子どものころの思い出を発表しよう

Class （　　　　　） Number （　　　　　） Name：

STEP1 「子どものころの思い出」をテーマに，発表会をすることになりました。
みなさんは，どんな子ども時代を過ごしてきたのかな？

Hello. Where was I born? Do you have any ideas? I was born in Tokyo. This is a picture when I was a baby. I liked Anpanman. When I was in the fifth grade, I won the second place in a running race. This is the picture. I was excited. I appeared on TV. When I was in the sixth grade, I went camping with my family and my friend's family. I enjoyed it very much. The curry and rice was very delicious. I want to go camping again.

STEP2 どんなことを話そうと思いますか。メモしてみましょう。

何歳の時	何をした	その他

STEP3 子どものころのことを伝え合ってみましょう。
＊タブレット端末を使用して写真を見せてもいいね！

☞こんなことも言えるね。

　〜歳の時　When I was 〜 years old, ….

　よく〜した。（今は，やっていない）I used to 〜.

　（写真を見ながら尋ねる）What's this? / Did you have fun? / What are you doing?

話すこと
聞くこと

04 あなたが将来やってみたいことは？

言語材料：to 不定詞　　時間：20分

目的・場面・状況	他国や他地域の生徒と交流を行い，将来の希望や夢を伝え合う。

1　活動の内容

お互いに，将来やってみたいことを伝え合う。

2　活動の手順

①教師の子どものころの夢を聞く。（3分）

T： When I was a child, I was into basketball. I always watched NBA
games on TV. I bought shoes that my favorite player wore in the
game. I was a big fan of the Raptors. I wanted to see a basketball
game in the U.S.A. 8 years later, my dream came true. I went to
Canada and watched a real game of NBA. I was really excited!

②将来やりたいことを考える。（5分）　　　　　　　STEP1

③ペアで伝え合う。（ペア交代あり）（6分）　　　　STEP2

S1： I want to visit Finland. I am interested in cute designs.

S2： I want to be a kindergarten teacher. When I was a child, I loved
them.

④クラスで代表者同士，または代表者が教師と話し合う。（6分）

TIPS

「夢がない」生徒も多いので，行きたい国（場所）や会いたい人など
もアリにして生徒が話せる内容を引き出しましょう。

04 あなたが将来やってみたいことは？

Class（　　　　　） Number（　　　　　） Name：

STEP1 マッピングでアイデアを広げましょう。

（空欄の四角の中央に楕円）

| Examples |

Country：I want to go to the U.S.A. I want to see a major league baseball game.

Person：I want to see V（Tete）in BTS. I want to talk about their music someday.

Be（work）：I want to work at the Chura-umi-aquarium. I love sea animals and taking care of them.

STEP2 話した人の「やってみたいこと」をまとめましょう。

（　　　　　　　　）さん

_____

（　　　　　　　　）さん

_____

05 日本のものを，外国人に説明しよう

言語材料：how to・接続詞 when・to 不定詞　　時間：35分

目的・場面・状況	日本に初めて来た外国人と親しくなり，日本のものの使い方や，そのものを説明する。

1　活動の内容

日本のものについて伝える内容を考え，ALT に向けて発表する。

2　活動の手順

①日本のものについて使い方を ALT とやり取りをする。(3分)

ALT：I bought this toy at the shop, but I don't know how to play it.

S1：Hold here, and put the ball on this dish.

②日本のもので，外国人に説明したいものを選ぶ。(7分) `STEP1`

T：We have a lot of cultures in Japan.　What do you want to introduce to people from other countries.

③説明メモを作る。(10分) `STEP2`

T：日本のものを説明するための【メモ】を完成させます。まん中に説明するものを書き，①～④にそれを説明するメモを書いていきましょう。

④ ALT に向けて発表する。(15分)

S1：I'll tell you how to eat *soba*.　When we eat it, we should make sounds.

TIPS

どのように発表したらより効果的か考えさせ，ICT 端末等を用いることも視野に入れましょう。

05 日本のものを，外国人に説明しよう

Class（　　　　）　Number（　　　　）　Name：

STEP1 日本に来る外国人の多くは，日本のものについて興味があるようです。ただ，使い方や，そのものをよく知らない場合があります。もし，外国人と親しくなり，日本のものに興味があることがわかったら，日本のどんなものを紹介したいと思いますか。

遊び	食べ物	道具・場所
けん玉	お好み焼き	はし
あやとり	納豆	風呂敷
折り紙	寿司	温泉
だるま落とし	カップラーメン	

【その他】

STEP2 何か１つ外国人に日本のものを説明するために，メモを作成しておきましょう。

①　　　　　　　　　　　　　　　　　　　　　　　　　　　　　　　②

　　　　　　　　　　　　　　　説明するもの

③　　　　　　　　　　　　　　　　　　　　　　　　　　　　　　　④

06 留守番電話で伝えたいメッセージを伝えよう

言語材料：助動詞　　時間：30分

目的・場面・状況	留学生の友だちを週末の遊びに誘うメッセージを残す。

1　活動の内容

ICT 端末等にボイスメッセージを吹き込む。

2　活動の手順

① 「場面」を理解する。（5分）　　　　　　　　　　　STEP1

　T：Imagine you have a friend from foreign country, and you want to hang out with him [her] on this weekend.　What do you want to do?

　S：I want to see a movie with him [her].

　T：Good.　You called him [her] but he [she] didn't answer the phone. Leave a message!

②考えて，ペアで発表し合う。（15分）　　　　　　　STEP2

　T：お互いに，うまく言えていないところや表現の不備を修正しましょう。

③修正して，録音する。（10分）

　S：Hello.　This is Sakuya.　On this Saturday afternoon, my friend and I are going to go to *karaoke*.　I heard you are good at singing Japanese anime songs.　We love anime, so why don't you join us? Can you come to Ogata station at 2 p.m. this Saturday?　Thank you.

TIPS

　ペアで振り返りを促すことで，次のパフォーマンスの向上を図ります。

06 留守番電話で伝えたいメッセージを伝えよう

Class（　　　　） Number（　　　　） Name：

STEP1　2人はあなたのクラスにいる留学生です。読んで，どちらを週末の遊びに誘うか
考えましょう。

> Name：Kevin
> Country：the U.S.A.
> 　Hobby：watching Japanese anime / singing
> 　　Like：sports / *karaoke* / movies

> 　Name：Lucy
> 　Country：New Zealand
> 　　Hobby：shopping / eating Japanese snacks
> 　　　Like：manga / fashion / amusement parks

STEP2　Think!　あなたは次の土曜日，友だちと一緒に留学生も誘うことにしました。
電話をしましたが，留守電になりました。何に誘って，どこに，何時に待ち合わ
せにするかを決め，メッセージを残しましょう。

```
　　　　　　　　　　　　　　　　　　　　　　　　　　　　　　　　　　　　　
```

Useful Expressions

Can you …? / Will you …? / Why don't you …?

07 学校の〇〇ランキングは？

言語材料：比較表現　　時間：50分

目的・場面・状況	学校で流行っているものや人気のものを教えてほしいという依頼が来た。様々なランキングをグループで伝える。

1　活動の内容

学校内の様々なランキングについて，比較表現を用いてグループで伝える。

2　活動の手順

①教師のプレゼンを聞く。（職員室の先生に聞きました！〇〇ランキング）(5分)

　T：I will talk about teachers' hobby ranking. I asked 20 teachers in this school. No.3 is fishing. Mr. Shimizu likes to go fishing with his children. Reading books is more popular than fishing. Ms. Yoshizawa likes mystery books. The most popular hobby is to take a trip. 10 teachers love to travel.

②グループで調査したいことを考える。(5分)　　　　　STEP1

　T：Make a group and think about an interesting question.

　S："What TV program [YouTube channel] do you like the best?" かな。

③アンケートを実施する。(5分)

　T：Now, please make a questionnaire and send it to your classmates.

④結果をもとに，グループでプレゼンを作成し，全体で発表する。(35分)

　　　　　STEP2

TIPS

　ICT 端末等のアンケートなどを活用して，スムーズに調査できます。

07 学校の○○ランキングは？

Class（　　　　） Number（　　　　） Name：

STEP1 調査したいことを考えましょう。（1人3つ考えてください。）

☞グループで調査する質問はコレ！

STEP2 アンケートの結果を報告しましょう。

話す人の名前↓

（　　　　　　）＿＿＿＿＿＿＿＿＿＿＿＿＿＿＿＿＿＿＿＿＿＿＿＿＿＿＿

（　　　　　　）＿＿＿＿＿＿＿＿＿＿＿＿＿＿＿＿＿＿＿＿＿＿＿＿＿＿＿

（　　　　　　）＿＿＿＿＿＿＿＿＿＿＿＿＿＿＿＿＿＿＿＿＿＿＿＿＿＿＿

（　　　　　　）＿＿＿＿＿＿＿＿＿＿＿＿＿＿＿＿＿＿＿＿＿＿＿＿＿＿＿

（　　　　　　）＿＿＿＿＿＿＿＿＿＿＿＿＿＿＿＿＿＿＿＿＿＿＿＿＿＿＿

（　　　　　　）＿＿＿＿＿＿＿＿＿＿＿＿＿＿＿＿＿＿＿＿＿＿＿＿＿＿＿

（　　　　　　）＿＿＿＿＿＿＿＿＿＿＿＿＿＿＿＿＿＿＿＿＿＿＿＿＿＿＿

| 役立つ表現 |

We asked ＿ students.

Many students think ＿＿＿＿ is [useful / beautiful / delicious / great]

08 新年の目標を伝え合おう

言語材料：will・want to・try to　　時間：15分

目的・場面・状況	新年を迎えた。新年の夢や希望を見つめ直し，伝え合い，お互いを励まし合う。

1　活動の内容

新年の夢や希望を改めて考え，それを友だちと伝え合う。

2　活動の手順

①教師の新年の夢や希望を聞く。（3分）

T：What do you want to do this year? I have many things. I want to visit England this summer and see Peter Rabbit.

②夢や，やってみたいことを書き出す。（7分）　　STEP1

T：みなさんの夢や，やってみたいこと，そのためにしなくてはいけないことを書いてみましょう。

③友だちと伝え合う。（5分）　　STEP2

T：Make pairs and talk about your dreams for this year.

S1：Hello. I want to win the baseball games.

S2：When is it?

S1：This July. We must win the games to join the prefectural tournament.

S2：Great. I hope you'll win the championship.

TIPS

相手のことを励ます英語表現を書き出しておきます。

08 新年の目標を伝え合おう

Class（　　　　）Number（　　　　）Name：

STEP1 新しい年を迎えました。今年はどんな夢や希望を描きますか？
あなたの夢や希望を伝え合ってみましょう。

夢や，やってみたいこと	そのためにしなくてはいけないこと

STEP2 友だちと新年の夢を語り合ってみましょう。

Hello. I want to win the kendo tournament this June. I'm trying hard to practice every day.

You're practicing kendo very hard every day. I'm sure you'll make your dream come true.

Thank you. What's your dream for this year?

I want to go to Hokkaido. My grandparents live there.

☞こんな励ましの言葉も！

きっと合格するよ。 I'm sure you'll pass ….

夢が叶うことを願っています。 I hope you'll make your dream come true.

努力を続けてね。 Keep on making efforts.

頑張って！ Hang in there！/ Good luck！

あきらめなければ，夢は叶います。 If you don't give up, your dreams come true.

09 修学旅行先で海外観光客にインタビュー！

言語材料：過去形・助動詞・現在完了形　時間　50分

目的・場面・状況	修学旅行で訪れた場所で，海外からの観光客に質問をする。

1　活動の内容

修学旅行先で海外からの観光客にグループでインタビューを行う。質問項目はあらかじめ準備しておく。

2　活動の手順

①教師による説明で「目的」を理解する。(5分)

T：Do you know the TV program "You は何しに日本へ？"?　You are going to visit Kyoto next month.　So if you have a chance, ask some questions to people from foreign countries.　The questions will be about Japan and their hometown, culture, and food.

②グループで質問したい内容を考える。(15分)　STEP1　STEP2

T：Make a group and think about questions you want to ask.

S："Have you ever eaten Japanese food?" にしよう。

③ ALT と練習を行う。(30分)　STEP3

T：Imagine your ALT is a foreign tourist, ask him [her] your questions in each group.　（ALT に 1 班につき 5 分程度ずつ回ってもらう）

TIPS

　インタビューの目的を話したり，許可を得る表現なども準備しておき，相手に失礼のないように実際のインタビューをしましょう。

09 修学旅行先で海外観光客にインタビュー！

Class （   ） Number （   ） Name：

STEP1 修学旅行先を訪れている外国からの観光客の方にどのようなことを質問したらよいですか。いくつか（最低3つ）考えてみましょう。英語で無理な場合はまず日本語でも OK。

STEP2 グループの質問を6つ決めましょう。また，どの質問を誰がするか決めましょう。なるべく会話が飛ばない方がいいので，順番や話の展開を考えましょう。

STEP3 ALT の先生が観光客役になります。練習として，上で考えた質問をしてみましょう。終わった後は，話の展開を書き起こしておきましょう。

10 あなたはどっち派？ ディスカッションをしよう

言語材料：think・比較表現　　時間：20分

目的・場面・状況	海外メディアに対して，日本の中学生の意見を述べる。

1　活動の内容

身近な話題について意見を伝え合う。

2　活動の手順

①教師が話題を提示する。(5分)

T：When I was a junior high school student, I didn't have a smartphone. Today, many of you have smartphones. It's sometimes useful, but I don't think you need smartphones. It's too early.

S：いやいやいや，先生。We need smartphones.

（以下，スマホをめぐる攻防が続く）

T：今日は身近な話題でディスカッションをしてみましょう。

②ペアで話す。(ペア交代あり) (10分)　　　　　　　STEP1

T：次のテーマについて，ワークシートに簡単なメモを書き，話しましょう。

S：I think love is more important than money because we can't buy love. If you are super rich, you are not sure that you are happy. However, if you have a partner, you can be happy.

③教室全体で代表生徒に尋ねる。(5分)

TIPS

まずは生徒が「意見＋理由」を１文ずつ言えることを目指しましょう。

10 あなたはどっち派？ ディスカッションをしよう

Class （　　　　） Number （　　　　） Name：

STEP1 次のトピックについて，意見とその理由を伝え合いましょう。簡単にメモを書き，それをもとに話しましょう。

例）Students need smartphones.

必要！　友達と話す　talk with friends

親と連絡をとる　contact parents

勉強にも使える　use smartphones to study English

☞ Topic 1

Our city [town] is a good city [town].

☞ Topic 2

Love is more important than money.

Chapter3

中学2年の言語活動アイデア20

01 My Hero

言語材料：１年生の復習・三人称単数現在形　　時間：22分

目的・場面・状況	自分にとっての Hero をみんなに知ってもらうために，英語新聞に投稿する。

1　活動の内容

　Akira 君が投稿した英語新聞を読み，文章構成を理解し，My Hero を紹介する文を書く。

2　活動の手順

① Akira 君が書いた文章を読み，文章構成を知る。（7分）　　STEP1

　T：Topic Sentence は何ですか？　話題は何ですか。

　Ss：Mr. Otani is a real hero.

　T：では，それを支える文，Supporting Sentences は？　なぜ Hero なの？

　Ss：投打で活躍している。／チームによい雰囲気をつくっている。／大谷選手の考え方から多くを学べる。

　T：Akira 君が最後に言いたいことは何？　Concluding Sentence は？

　Ss：大谷選手みたいになりたい。

② My Hero を書く。（15分）　　STEP2

　T：みんなも英語新聞に自分のあこがれの人について投稿しましょう。文章構成に気をつけて，書いてみましょう。

TIPS

　文章構成を理解させ，つながりのある文章が書けるように指導します。

01 My Hero

Class（　　　　　） Number（　　　　　） Name：

STEP1　Akira 君は，大谷翔平選手にあこがれを感じ，次のような文章を英語新聞に投稿しました。読んでみましょう。

> Hi, I'm Akira. Did you watch World Baseball Classic? I did, and I was really moved. Mr. Otani is a real hero. He pitches and hits. His pitching is great. Many players cannot hit his balls. Also, he is a good batter, but he is not just a player. He makes a good atmosphere in his team. I respect him. I learned a lot from his way of thinking too. He repeats, "Sleeping is important." I often stayed up late, but I go to bed early now. I am a baseball player. I want to be like him.

☞ Topic Sentence はどこ？
（　　　　　　　　　　　　　　　　　　　　　　　　　　　　　　　　　）
☞ Supporting Sentences は何？
１つ目は…（　　　　　　　　　　　　　　　　　　　　　　　　　　　　）
２つ目は…（　　　　　　　　　　　　　　　　　　　　　　　　　　　　）
３つ目は…（　　　　　　　　　　　　　　　　　　　　　　　　　　　　）
☞ Concluding Sentence はどこ？
（　　　　　　　　　　　　　　　　　　　　　　　　　　　　　　　　　）

STEP2　みなさんの Hero って誰ですか？　みなさんも英語新聞に投稿しましょう。

_____

_____

_____

_____

_____

_____

02 ALTからの宿題メールに返信しよう

言語材料：未来表現（will / be going to）　　時間：20分

目的・場面・状況	月に1回，ALTから宿題メールが届く。それに，返信する。

1 活動の内容

ALTからの宿題メールを読んで，返事を書く。

2 活動の手順

①未来表現の使い方について確認する。（5分）

T：What are you going to do tonight? I will cook cheese hamburger
steak, so I'm going to buy some ground meat and cheese on my way
home. Then, I'll read a book if I have time.

今，先生は3つの言い方で未来を言い表しました。1つ目は，I will
で，「…するぞ〜」という意志・気持ちを込めて言いました。2つ目
は，I'm going to ... と，決めていた予定を言いました。3つ目は，I'll
と短縮形で，「今，とっさに思ったこと」を伝えました。

② ALTが書いた宿題メールを読み，用件を読み取る。（3分）　　STEP1

T：ALTの先生は，みんなに何を尋ねていますか？

Ss：週末に何をするか。

③返事を書く。（12分）　　STEP2

T：みなさんの予定を，未来表現を適切に使い分けて，伝えましょう。

TIPS

生徒には，言語活動を通して，未来表現の使い方を理解させます。

02 ALT からの宿題メールに返信しよう

Class （　　　　） Number （　　　　） Name：

STEP1 ALT の Mike 先生から，みんなに宿題メールが届いているよ。読んでみましょう。

From: Mike

To: My students

Subject: What are you going to spend this weekend?

- -

Hi, my students,

It is going to be a nice season. I like this season.

Do you have any plans for this weekend?

I'm going to spend time with my friends from high school. They will come to Japan tomorrow. We are going to Yamanashi and see Mt. Fuji.

What are you going to do? Can you share your weekend plan? Thank you.

☞ どんな宿題が出ているかな？

STEP2 Write！　宿題メールの返事を書きましょう。

---

03 子どものころ好きだった絵本レポート

言語材料：過去形・助動詞・受け身　　時間：40分

目的・場面・状況	まちの図書館と交流のある海外の図書館に，おすすめの絵本を紹介する企画に参加する。

1 活動の内容

　まちの図書館の企画で「世代や国籍を超えて読み続けたい絵本」紹介の依頼があった。子どものころ好きだった絵本とその魅力を英語で伝える。

2 活動の手順

① **ALT の書いたレポートを読む。**（5分）　　　　　　　`STEP1`

　T：次のレポートは ALT の先生が書いたものです。どんな内容でしょうか。

　（答え）❶スイミー　❷小さい魚と勇気のお話。きっと感動するだろう。

②**アイデア出しをする。**（5分）　　　　　　　　　　　`STEP2`

③**書く。**（20分）　　　　　　　　　　　　　　　　　`STEP3`

　T：ワークシートに従って，ブックレポートを書きましょう。わからない
　　　表現は適宜調べてください。

　S：Did you read "Hungry Caterpillar"?　It was written by Eric Carl.
　　　This book is about a caterpillar.　He is always hungry.　I think this
　　　book is very popular among small children because the pictures are
　　　very cute.　Why don't you read it?

④**グループで読み合う。**（10分）

> **TIPS**
>
> 　書き方に悩む生徒には，まずは型に沿って書くことをすすめましょう。

03 子どものころ好きだった絵本レポート

Class (　　　　) Number (　　　　) Name :

STEP1　ALT の先生が書いた絵本レポートを読んでみましょう。

> Did you like reading picture books? I did. My mother always read me this book.
> This book is "Swimmy". It was written by Leo Leoni. This book is about small
> fish and his courage. I think this book is very heartwarming because the
> teamwork of fish is wonderful. It will touch your heart. Why don't you read it?

❶どんな本が紹介されていますか。

(　　　　　　　　　　　　　　　　　　　　　　　　　　　　　　　　　　)

❷どんな内容だと書かれていますか。

(　　　　　　　　　　　　　　　　　　　　　　　　　　　　　　　　　　)

STEP2　Write !　あなたのアイデアを書きましょう。

> 本のタイトル：
> 簡単な内容：

☞こんな流れで書こう！　間にもっとたくさん表現を使って絵本の魅力を紹介しましょう。

Did you read …?

It was written by ….

This book is about ….

I think this book is … because ….

Why don't you read it?

STEP3　考えた絵本のレポートを，ノートに書きましょう。

04 世界の子どもたちの夢を書いてみよう

言語材料：to 不定詞　　時間：35分

目的・場面・状況	まちの国際交流室の企画で「世界の子どもたちの夢」作文を集めている。読み手に将来の夢や希望を伝える。

1　活動の内容

夢について作文をする。職業に限らず，将来やりたいことでもよい。

2　活動の手順

①**世界各国の子どもの夢を読む。**（7分）　　　STEP1

　T：次の作文は，2人の子どもの夢です。どんなことが書かれていますか。
（アキーシャ：歌手になって，人を笑顔にしたい。　バシャル：秋葉原に行って，フィギュアを買いたい。）

②**書く。**（20分）　　　STEP2

　S：I am Mai.　I want to make an animal shelter.　I hear there are many abandoned animals like stray cats and stray dogs.　They are not in good health.　I feel very sad.　So I want to take care of them.

③**ICT 端末等の共有機能を使って読み合う。**（8分）

　T：書いた作品を提出し，クラスに共有してください。読み合って，コメントをしましょう。

TIPS

　「〇〇が好きだから」は理由として弱いので，それだけではなく，その職業の社会的な役割なども言及できると理由づけとしてよいことを伝えます。

04　世界の子どもたちの夢を書いてみよう

Class （　　　　） Number （　　　　） Name：

STEP1　2人の夢を読みましょう。

Hello.　My name is Akisha.　I'm from Indonesia.

I want to be a singer.　I love to sing a song.　My family always say to me, "you are singing every day."　I think song has a big power.

So I want to make people smile with my song.

アキーシャ：（　　　　　　　　　　）になって，

（　　　　　　　　　　　　　　　　　　　　　　　　　　　　　）たい。

Hello.　I am Bashar.　I am from Bangladesh.　I am a junior high school student.　I am interested in Japanese anime.　So my dream is to visit Japan and go to Akihabara.　I want to buy a lot of toy-figures there.

バシャル：（　　　　　　　　　　）に行って，

（　　　　　　　　　　　　　　　　　　　　　　　　　　　　　）たい。

STEP2　Write!　あなたの夢を書きましょう。

05 地域を紹介するポスターを書こう

言語材料：there is [are]　　時間：35分

目的・場面・状況	まちのホームページの外国人向けの案内企画として掲載する。地域の魅力的な場所やお店を紹介する。

1　活動の内容

　地域を紹介するポスターを作成する。1枚のポスターを班でカテゴリー別に担当すると協同的な学習となる。

2　活動の手順

①クラスで自分のまちについて意見を伝え合う。(5分)

　T：What is the good point of your city?

　S：We have a wonderful summer festival. / I love ramen shops. など

②アイデア出しをする。(10分)　　STEP1

　T：外国人の住民向けに情報をまとめたポスターを作成します。ワークシートのカテゴリー別に班でアイデアや意見を出しましょう。

③1枚のポスターを人数分に分割した用紙に紹介文を書く。(20分)　STEP2

　S：(Food) There is a great restaurant in the town center. It is Gorilla Pizza. You can find an unbelievable delicious pizza there. My favorite is the Gorilla pizza. You will be surprised at its cheese and spicy salami.

> **TIPS**
>
> 　アイデア出しが鍵です。紹介するカテゴリーを設けて，英語の苦手や得意に関係なく，協同できる場面をつくりましょう。

05 地域を紹介するポスターを書こう

Class （　　　） Number （　　　） Name：

STEP1 カテゴリー別に担当者を決めましょう。

This is Our Town!

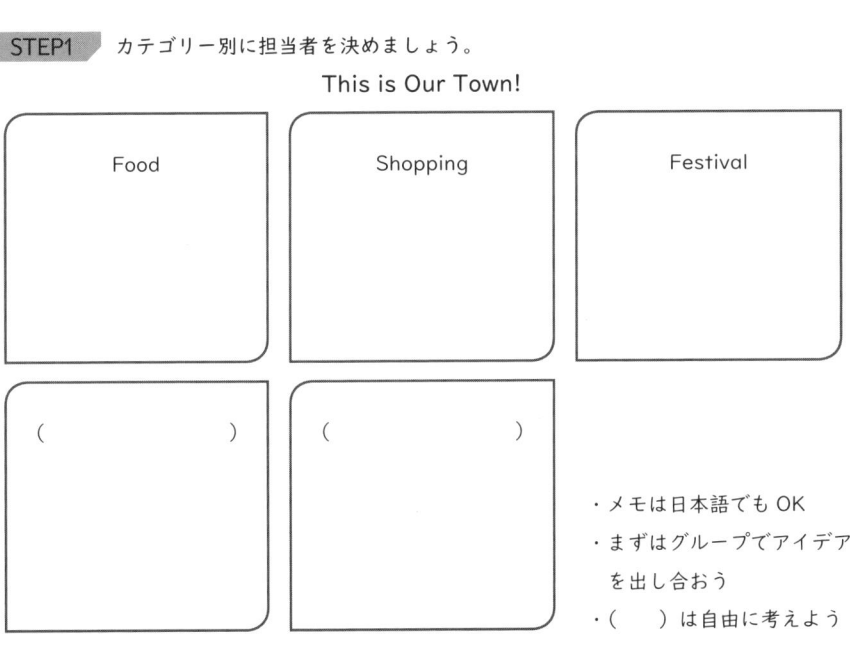

Food

Shopping

Festival

（　　　　）

（　　　　）

・メモは日本語でも OK
・まずはグループでアイデア
　を出し合おう
・（　　）は自由に考えよう

STEP2 ポスターを作りましょう。

例）The Food To Eat!

There is a great restaurant in the town center. It is Gorilla Pizza. You can find an unbelievable delicious pizza there. My favorite is the Gorilla pizza. You will be surprised at its cheese and spicy salami.

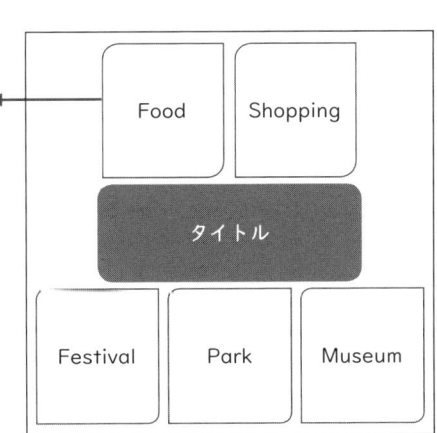

Food

Shopping

タイトル

Festival

Park

Museum

1人1人が分担してポスターを作ります

06 雑学クイズをつくろう

言語材料：過去形・比較表現　　時間：20分

目的・場面・状況	英語の授業で「雑学クイズ」を出すことになった。みんながわかりそうでわからないクイズを考える。

1　活動の内容

雑学クイズを作る。

2　活動の手順

①雑学クイズに答える。(5分)　　　　　　　　　　　　　STEP1

　T：Look at STEP1.　You can see a trivia quiz.　I'll give you 2 minutes.
　　　Choose the answer of the quizzes.　Start.

　　　Let's check the answers.　Question No.1.　What is the answer?

（答え）　❶ c （2位：カナダ，　3位：中国，
　　　　　　　　　 5位：ブラジル，　6位：オーストラリア）

　　　　　❷ b （2位：岩手，　3位：福島，　4位：長野，　5位：新潟）

　　　　　❸ b （平安時代：約400年，江戸時代：約270年，
　　　　　　　　　 鎌倉時代：約150年，奈良時代：約80年）

　　　　　❹ d （1位：クジラ，　2位：ゾウ，　3位：キリン，　6位：カバ）

　　　　　❺ b （1位：隼，　2位：燕，　3位：チーター，　7位：ライオン）

②雑学クイズを作る。(15分)　　　　　　　　　　　　　　STEP2

　T：雑学クイズ大会をします。どんなクイズを出しますか。

TIPS

　作成後は，毎時間の帯活動で扱ったり，英語新聞で紹介しましょう。

06 雑学クイズをつくろう

Class（　　　　　）Number（　　　　　）Name：

STEP1 雑学クイズに答えましょう。

❶ What is the second largest country in the world?

　　a）Australia　　b）Brazil　　c）Canada　　d）China

❷ What is the second largest prefecture in Japan?

　　a）Fukushima　　b）Iwate　　c）Nagano　　d）Niigata

❸ What era is the longest in Japan?

　　a）Edo　　b）Heian　　c）Kamakura　　d）Nara

❹ What is the biggest mammal?

　　a）elephant　　b）hippo　　c）giraffe　　d）whale

❺ Which can run the second fastest?

　　a）cheetah　　b）falcon　　c）lion　　d）swarrow

STEP2 Think！　今から，みんなで雑学クイズを出し合います。どんなクイズを出しますか。3つ以上，考えてみましょう。

①
_____

_____

②
_____

_____

③
_____

_____

④
_____

_____

07 観光案内ポスターを作ろう

言語材料：受け身・助動詞　　時間：50分

目的・場面・状況	学校の文化祭で，英語による国紹介作品を展示する。全校生徒・地域の人たちに魅力的な国を紹介する。

1　活動の内容

行きたい国の魅力を書いて伝える。1年時の活動と異なり，客観的に書く視点が必要となる。

2　活動の手順

① **WORKSHEET のモデル作品を読む。**（5分）　　　`STEP1`

T：次の作品にはどんなことが書かれてあるのか読みましょう。

（答え）❶フィンランド　❷有名：ムーミン，オーロラ　特産物：魚
　　　　　　　　　　　スポーツ：アイスホッケー，スキー

② **アイデア出しをする。**（10分）　　　`STEP2`

T：国紹介をする場合，どんな情報があるといいですか。

S：人気の観光スポットや食べ物，その地が発祥のものとか？

T：そうですね。ワークシートに構想を書いてみましょう。

③ **書く。**（35分）　　　`STEP3`

T：今年は，国紹介のライティング作品を文化祭の作品として出展します。地域の人や ALT の先生がアッと驚く作品を目指しましょう。

TIPS

受け身などの表現の使いどころを，実例（モデル）を出しながら生徒に伝えましょう。

07 観光案内ポスターを作ろう

Class（   ） Number（   ） Name：

STEP1 紹介されている内容を読み取りましょう。

Amazing Country !

Moomin is from Finland.
Moomin is loved by many people.
You can visit Moomin World, a theme park.

Lots of fish are caught in Finland. There are many delicious fish in Finland. Perch is famous fish.

Ice hockey is popular in Finland. Also, skiing and snowboarding are enjoyed by many people.

Aurora is very beautiful. In the city of Rovaniemi, you can see auroras and Santa Claus.

❶どの国が紹介されていますか。（   ）
❷どんなことが紹介されていますか。

STEP2 Write!　あなたのアイデアを書きましょう。

国名：
紹介したいこと：

STEP3 Write!　あなたの紹介したい国を用紙に書きましょう。

08 今年の漢字を選ぼう

言語材料：過去形　　時間：20分

目的・場面・状況	ALTが，英語の授業で「今年の漢字」の話をしている。その後，「みんなの今年の漢字は？」と尋ねられたので伝える。

1 活動の内容

生徒にとっての「今年の漢字」を選び，その理由を書く。

2 活動の手順

①教師の「今年の漢字」の話を聞く。(2分)

T：The *kanji* of the year announced last week.　Do you remember the *kanji*?　It was "戦".　What's your *kanji* of the year?　For me, "災" is my *kanji*.　A bee stung me on my foot.　It was really painful.　Then, my lower back was in a great pain.　… What's your *kanji*?

S1："楽".　Enjoy.　I went homestay in Australia, I enjoyed my stay.

② ALT の「今年の漢字」について書いた文章を読む。(3分) `STEP1`

T：ALT の先生の漢字は，なぜ「知」なんでしょうか。

Ss：日本のことをたくさん知れたから。

③「今年の漢字」を考え，その理由を書く。(15分) `STEP2`

T：みなさんの「今年の漢字」を選び，なぜそれに決めたのか，その理由も書きましょう。

TIPS

実際に授業する際には，ALT にも「今年の漢字」を考えてもらいます。

08 今年の漢字を選ぼう

Class (   ) Number (   ) Name :

STEP1 今年 1 年を表す漢字は何かな？ 次は，ALT の先生が選んだ漢字と，その理由だよ。読んでみましょう。

知

I came to Japan last year, and I visited many places in Japan. I like Japan and Japanese culture. I could know a lot of things about Japan. People are kind, and they show me a lot of Japanese culture.

So, this year's *kanji* is "Knowledge" for me. I want to learn more about Japan next year. What's yours?

☞なぜ「知」という字を選んだのかな？

STEP2 みなさんを表す今年の漢字は何かな？ ALT の先生に教えてあげましょう。

09 好きなことわざは何？

言語材料：動名詞・比較表現（比較級／最上級）　　時間：20分

目的・場面・状況	自分の好きなことわざをみんなに知ってもらうために，好きな理由等を添えて，紹介する。

1　活動の内容

みんなに知ってもらいたいことわざとその理由等を紹介する。

2　活動の手順

①英語のことわざを聞き，意味を推測する。（2分）

T：Yesterday, I was thinking about the dinner.　I had no idea.　I asked my wife.　We had ground meat.　She told me to make hamburger steak.　Then I cooked it!　That's exactly "Two heads are better than one."

S1：2つの頭は1つよりもよい。　S2：3人寄れば文殊の知恵。

② WORKSHEET で英語のことわざを読む。（5分）　　`STEP1`

T：Look at the STEP1.　Read the proverbs from ❶ to ❼, and choose the meaning.　I'll give you 3 minutes.

Are you ready to check the answers?

（答え）❶カ　❷キ　❸ウ　❹ア　❺オ　❻イ　❼エ

③好きなことわざと好きな理由を考えて書く。（13分）　　`STEP2`

T：I want to know your favorite proverb.　Tell me about yours.

> **TIPS**
>
> 諺には，人生の知恵が詰まっていることを，多感な中学生に教えます。

09 好きなことわざは何？

Class （　　　　） Number （　　　　） Name：

STEP1 次のことわざは，どういう意味？

❶ Seeing is believing. 　　　　　（　　） 　　ア　よい種はよい作物をつくる

❷ The first step is the hardest. 　（　　） 　　イ　十人十色

❸ There is no royal road to learning. （　　） 　　ウ　学問に王道なし

❹ Good seed makes a good crop. 　（　　） 　　エ　考えすぎるということはない

❺ Cheats never prosper. 　　　　 （　　） 　　オ　不正が栄えることはない

❻ So many men, so many minds. 　（　　） 　　カ　百聞は一見に如かず

❼ Second thoughts are best. 　　 （　　） 　　キ　最初の一歩が一番難しい

STEP2 好きなことわざを，クラスで共有します。なぜ好きなのか，ということも体験を
通して紹介できるといいですね。

例）My favorite proverb is "The end is a new beginning." When I finish something, I
soon become lazy, and I often feel that I don't want to do anything.　In case of
that, I tell myself that "The end is a new beginning."

_____

_____

_____

_____

_____

_____

_____

_____

10 SNS に投稿しよう

言語材料：think・比較表現など　　時間：20分

目的・場面・状況	SNS 交流サイトで中学生の意見が求められている。

1　活動の内容

意見文作文を書く。廊下の掲示板などに貼り出して読み合うこともできる。

2　活動の手順

①お題を確認する。（5分）　　`STEP1`

T：SNS 交流サイトに中学生の意見を求める書き込みがありました。
　　どんなトピックで，投稿者はどんな立場なのでしょうか。

（トピック：中学生にスマートフォンは必要か。　立場：不必要。）

②意見文を書く。（10分）　　`STEP2`

S：I don't think junior high school students need smartphones.　They
　　are bad for our mental health.　Students think they should check the
　　messages and write back soon.　This is not good.

③グループで読み合い，コメントをする。（5分）　　`STEP2`

T：書いた文をグループで回し読みをしましょう。コメントをぜひ書き込
　　んであげてくださいね。コメントは日本語でもかまいません。

TIPS

　お題の設定が大事です。日々の休み時間などのおしゃべりを観察する
と盛り上がるトピックが見つかるでしょう。

---

10 SNS に投稿しよう

Class （　　　　　） Number （　　　　　） Name：

STEP1 以下を読んで，何について書かれているか答えましょう。

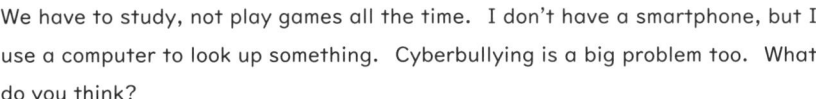

I'm a student in South Korea.

I have a big problem. Many of my friends have smartphones.

They are always using SNS and taking pictures with them.

But I don't think junior high school students need smartphones.

We have to study, not play games all the time. I don't have a smartphone, but I use a computer to look up something. Cyberbullying is a big problem too. What do you think?

*Cyberbullying ネットいじめ

☞中学生に（　　　　　　　　　　）は必要かどうかという議論。

☞書き手の人は（　　　　　　　　　）だと思っている。

STEP2 Write!　あなたの意見を書きましょう。
（吹き出しにはグループの人からコメントをもらいましょう。）

【意見】

☞グループの人からのコメント

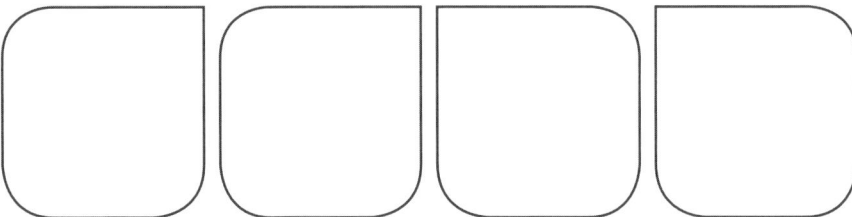

Chapter3

中学2年の言語活動アイデア20

中学3年の
言語活動
アイデア20

01 インスタ映えする場所を ALT に教えてあげて

言語材料：2年生までの復習　　時間：18分

目的・場面・状況	ALT は写真を撮り，それを SNS にアップするのが好き。インスタ映えする場所や物を探している。ALT に教えてあげる。

1　活動の内容

ALT の趣味を聞き，インスタ映えする場所や物を紹介する。

2　活動の手順

① ALT の話を聞き，内容を理解する。(2分)　STEP1

ALT： Hello, everyone.　I like taking photos.　Look at these.　I posted on SNS.　Do you have any ideas for good places, food or something in this town?　Let me know.

T： どんなことを言っていた？

Ss： どこかインスタ映えする場所や物を知りたい。

②ペアで，英語で話し合う。(5分)　STEP2

T： Mike *sensei* wants to know some places, food or something to take photos.　Let's talk about it in your pair.

③発表する。(4分)

ALT： Please tell me your ideas?

④おすすめの場所や物など紹介する文を書く。(7分)　STEP3

TIPS

必要に応じ，ICT 端末等を使用させます。

01 インスタ映えする場所を ALT に教えてあげて

Class（　　　） Number（　　　） Name：

STEP1 You've got a video message from your ALT.

> Hello, class. How are you? I'm good. I came here last August, and almost 10 months has passed. I enjoy my stay in Japan. Today, I want to ask you some good places to take photos. I like taking photos, and I want to post pictures on SNS. Do you have any ideas? I hope you show me some.

STEP2 Make pairs and talk about good places to take photos.

☞こんなことも言えるかな？

　どう思う？　What do you think? --- I think parfait at the restaurant is great.

　インスタ映えする　That looks great on Instagram.

　　　　　　　　　　That is perfect for Instagram.

STEP3 Write and tell about a good place to take photos for Instagram for your ALT.

_____

_____

_____

_____

_____

Chapter4

中学3年の言語活動アイデア20

02 デートのお誘いをしよう・スキット作成

言語材料：現在完了形　　時間：30分

目的・場面・状況	休み時間に気になる相手が勉強中。声をかけて週末のデートに誘う。

1　活動の内容

　デートに誘うスキット作成。ICT 端末等で撮影し，映像作品として提出する。

2　活動の手順

①「場面」を理解する。(5分)　　　　　　　　　　　　　　　　　STEP1

　T：休み時間の場面です。どんな会話をしているのか，読んでみましょう。

　S：デートに誘っている？

　T：その通り。今日はデートのお誘いスキット作成をします。

②ペアでスキットを考える。(15分)　　　　　　　　　　　　　STEP2

　T：ワークシートの下線部を中心に変更して，自由に考えましょう。

　S：週末に，サーカスがあるから，そこに誘うことにしようか。

　S：相手が「動物が好き」という設定にして，ふくろうカフェに誘おう。

③練習後，撮影する。(10分)

　T：練習をしたら，各自で撮影を行います。場所は校舎内のどこでも OK。

・撮影した作品は，教師に提出する。(例：ロイロノートの提出箱など)

TIPS

　型を与えつつ，ある程度生徒たちに自由裁量を与えて創造的な活動を楽しんで行える雰囲気をつくりましょう。

02 デートのお誘いをしよう・スキット作成

Class （　　　　） Number （　　　　） Name：

STEP1 どんな場面かな？

A : Do you have a minute?

B : Wait a minute!　OK.　Now, I've just finished it!

A : Are you free on <u>next Sunday</u>?　I have two tickets for <u>the circus</u>.

B : Really?　I have been <u>interested in the circus</u> for a long time!

A : So, can you come with me?

B : Sure!　Thank you very much.

STEP2 Think!　ペアになって，スキットを考えましょう。

話す人の名前↓

（　　　　）_____

（　　　　）_____

（　　　　）_____

（　　　　）_____

（　　　　）_____

（　　　　）_____

（　　　　）_____

（　　　　）_____

| Useful Expressions （色々な場面）|

rakugo show 落語ショー　　musical 舞台　　summer festival 夏祭り

zoo 動物園　　aquarium 水族館　　concert コンサート　　movie 映画

03 継続していることはあるかな?

言語材料:現在完了形・現在完了進行形　　時間:15分

目的・場面・状況	同じクラスメートのことでも,意外と知らないことがある。友だちの意外な面を共有し合う。

1　活動の内容

友だちに継続しているものを尋ね,友だちのよさを伝える。

2　活動の手順

①教師とやり取りをする。(2分)

T:What do you like?　S1:I like Korean group.　I am a big fan.

T:How long have you been a fan?　S1:I have been a fan since last year.

T:こんな風に,私はまだみなさんのことについてよく知らないこともあります。みんなも同じかと思います。今日は,友だちの隠れた特技や好きなものを改めて知り,それをみんなに伝えましょう。

②特技や好きなことを尋ね合う。(5分)　　STEP1

S2:Hello.　What do you like to do?　S3:I like soccer.

S2:How long have you been playing it?　S3:Since I was 10.

③友だちの特技や好きなことを紹介する。(5分)　　STEP2

S4:Yumi has been making cookies since she was 10.

④伝えたことを書く。(3分)　　STEP3

TIPS

人によっては秘密にしたいこともあるので,その点は留意します。

03 継続していることはあるかな？

Class （　　　　） Number （　　　　） Name：

STEP1　友だちの特技や，好きなことを見つけましょう。

例）How long have you played …? --- I have played it <u>for</u> ～ years.

I have played <u>since</u> I was ….

How long have you been a fan of the Giants? --- I have been a fan for 6 years.

What do you like? --- I like collecting stickers.

Name	継続してやっていること	メ　モ

STEP2　友だちの特技や，好きなことを，友だちと紹介し合いましょう。

例）S1：Hi, do you know what pet Takeshi has?

S2：I don't know. What pet does he have?

S1：He has two turtles. He has had them for 10 years.

S2：Wow, great. He likes turtles. Do you know Miki is a fan of …?

STEP3　紹介した内容を書きましょう。

_____

_____

_____

_____

_____

04 ALT にインタビュー！

言語材料：既習表現・It is ... for ~ to　　　時間：30分

目的・場面・状況	日本に暮らしている ALT が，どのような生活を送っているのか，日本の生活について，インタビューする。

1 活動の内容

ALT に日本の生活についてインタビューする。

2 活動の手順

① **ALT とやり取りをする。**（2分）

T：You've lived in Japan for a long time.　How do you like living in Japan?

ALT：Great.

T：Nice.　ALT の先生は日本生活が Great って言っていますね。どんなところが Great なのでしょうか。今日は，ALT の先生に色々尋ねてみましょう。

② **ALT に聞きたいことを書く。**（3分）　　　　　STEP1

T：ALT の先生に質問したいことを英語で書いていきましょう。

③ **グループで質問を出し合い，5つに絞り，質問者を決める。**（5分）　STEP2

T：グループで，質問を5つ選び，質問者を決めていきましょう。

④ **ALT にインタビューする。**（20分）　　　　　STEP3

T：1班3分でインタビューします。他の班と質問が重なったら削ります。

TIPS

2時間扱いにして，次の時間にインタビューさせます。

04 ALT にインタビュー！

Class （　　　　） Number （　　　　） Name：

STEP1 ALT の先生にインタビューしてみましょう。聞きたいことを，思いつくまま書きましょう。

STEP2 グループで質問を出し合い，5つ，聞きたいことを選びましょう。

【Question 1】

【Question 2】

【Question 3】

【Question 4】

【Question 5】

STEP3 ALT の先生にインタビューしましょう。

例）Host：Thank you very much for this interview. We have five questions.
First, Maki will interview you.

Maki：Hi, I'm Maki. I want to ask you about your daily life. Do you have anything that you are learning?

ALT：Yes! I'm learning how to cook Japanese dishes. I want to learn cooking.

Maki：Is it easy to cook?

ALT：Yes, but my dishes aren't good enough. I need to cook more.

05 日本の昔話を教えて！

言語材料：関係代名詞　　時間：25分

目的・場面・状況	ALT が，母国にいる甥や姪に日本の絵本を買ってあげたいと思っている。おすすめの日本の物語を紹介する。

1　活動の内容

ALT に日本の物語や作品を紹介する。

2　活動の手順

① ALT とやり取りをする。（5分）

ALT： I found this picture book.（写真を見せる）Who is this?

Ss： 桃太郎 …. ／ Peach boy.

ALT： Oh, Peach boy.　What is the story about?

Ss： It's a story about a boy … who went to *onigashima* … to beat 鬼！

② 物語や作品を 1 文で説明する。（8分）　　　STEP1

T：日本には色々な物語や作品がありますね。1 文で紹介してみましょう。

③ ALT に紹介しようと思う物語や作品を考える。（7分）　　　STEP2

④ ALT におすすめの物語や作品を紹介する。（5分）　　　STEP3

ALT： What Japanese books are good for my nephew or niece?　Please give me some ideas.

S1： I recommend Anpanman.　It is a story about a superhero who helps his friends and many people.　We can learn the kindness from the book.

TIPS

日本の伝統文化やアニメ等，海外の人に特徴やよさを伝えさせます。

O5　日本の昔話を教えて！

Class（　　　　）Number（　　　　）Name：

STEP1　次の物語を１文で説明するとしたら，どうなりますか。１つ選び書いてみましょう。

例）桃太郎	This is a story about a boy who went to *onigashima* to beat evils.
浦島太郎	
一寸法師	
カチカチ山	
アンパンマン	

STEP2　ALT の先生が，母国にいる甥（nephew）や姪（niece）に日本の絵本を買ってあげたいと思っています。日本のどんな物語や作品を紹介しますか。STEP1 でやったように，最初におおよその内容を伝えてから，紹介しましょう。

_____

_____

_____

_____

_____

_____

STEP3　ALT の先生に紹介しましょう。

Chapter4

中学３年の言語活動アイデア20

06 ドラえもんの新道具を提案しよう

言語材料：仮定法過去　　時間：15分

目的・場面・状況	ドラえもんが新しい道具を開発したがっている。そこで，新道具を提案する。

1　活動の内容

ドラえもんに新しい道具をその理由とともに，提案する。

2　活動の手順

①ドラえもんの道具について話す。(3分)

T：Doraemon has many tools. Please tell me one.

S1：Dokodemo door.　S2：Abekombe.　S3：Migawari mike.

T：What can we do if we have Take-koputa?

S4：We can fly. We can go anywhere.

②ドラえもんの依頼を知り，どんな道具が欲しいか考える。(2分)　STEP1

T：Now, Doraemon wants to create new tools, and he wants to know many ideas. Today, you are going to give a presentation to Doraemon and let him make the new tools.

③グループ内で発表する。(10分)　STEP2

S5：A new tool is "Moto-dori stick". If you made this tool, we could repair many things with the tool.

TIPS

グループでの発表後，全体の前で提案させ，ALT に 1 つ選ばせます。

06 ドラえもんの新道具を提案しよう

Class (   ) Number (   ) Name :

STEP1 If Doraemon wanted to make a new tool, what kinds of tools would you want?

❶ What tool do you want?　どんな道具が欲しい

(   )

❷ Why do you want it?　提案理由

❸ Name the tool.　道具を命名

(   )

STEP2 Let's present your idea. See the example.

例1)　Why don't you make "Moto-dori stick"? I sometimes break things.
　　　If we had this tool, we could repair many things.

例2)　I want "Homework machine". I have a lot of things to do, and I'm busy.
　　　If we had the machine, we wouldn't have to do homework.

提案者の名前	道具名	理由

07 野生動物の立場から環境破壊する人間に訴えよう

言語材料：want 人 to・help 人 動詞の原形　　時間：50分

目的・場面・状況	野生動物になったつもりで，様々な動物が集まる野生動物サミットに参加，人間の環境破壊を止める提言をする。

1　活動の内容

野生動物になりきり，スピーチをする。

2　活動の手順

①「場面」を理解する。(5分)　　　　　　　　　　　　　　　STEP1

　　T：ある野生動物からの主張です。どんな内容ですか。

　（答え）ニホンザルからのこれ以上，棲む森を奪わないで欲しいという主張。

　　T：今日は野生動物になりきり，人間に環境破壊を訴えましょう。

②なりきる野生動物と主張する内容を考える。(35分)　　　STEP2

　　T：グループで，どんな動物が被害を受けているか話し合ってください。

　　S：白クマが，流氷が溶けて大変だという話を聞いたことがあるなぁ…。

③グループ内で紹介する。(10分)

　　S：I am a polar bear.　We use ice to get food.　However, the ice is
　　　　melting every day.　So I want human not to emit CO_2 any more.
　　　　We need ice!

＊本実践は，加藤京子氏（元兵庫県三木市立緑ヶ丘中学校教諭）の追試です。

> **TIPS**
>
> 　弱い立場から強い立場へストレートに要求する表現であることを押さえます。

07 野生動物の立場から環境破壊する人間に訴えよう

Class （　　　　） Number （　　　　） Name :

STEP1　ある野生動物の主張です。どんな内容でしょう。

I am a monkey.

I want humans to stop destroying our home.

I live in the mountain with my husband and children.

We have to take care of children like you.

So I want humans not to cut down the trees in the mountains.

I don't know why you are so greedy.

*greedy　欲深い

STEP2　自分で野生動物を選択し，人間に訴える主張を書きましょう。

I am a

動物のイラストを描く

| Useful Expressions （環境問題）|

environment 環境　　　endangered animals 絶滅危惧動物　　　global warming 温暖化

waste 無駄，無駄にする　　emit CO₂ 二酸化炭素を排出する　　melt 溶ける

throw away 投げ捨てる　　trash ゴミ　　　　　　　　　　recycle 再利用する

ocean pollution 海洋汚染　　hunt 狩り，狩りをする　　　road kill 車にひかれる

cutting down trees 森林伐採

08 ニュースレポーターになろう

言語材料：特になし　　時間：50分

目的・場面・状況	世界の中高生ニュースというテレビ番組の企画で，レポーター役となった。視聴者に向けて，個人的に関心が高いニュースを伝える。

1　活動の内容

ニュース番組風に，個人的に関心があるニュース内容を紹介する。

2　活動の手順

① 「場面」を理解する。（5分）　　　　　　　　　　　　　　STEP1

　T：世界の中高生ニュースです。どんなニュースなのか，読んでみましょう。

　S：盲導犬と飼い主のニュース。悲しい気持ち…。

　T：今日はみなさんがレポーターになって，英語でニュースを紹介します。

②ニュースとレポート内容を考える。（35分）　　　　　　　STEP2

　S：地元の閉園寸前の遊園地がクラウドファンディングで復活，アツいなぁ。

③グループ内で紹介する。（10分）

　S：I was moved by this news. This is the news about ×× amusement park.
　Last year, the park was almost closed because of a financial problem.
　However, many local people raised money by crowdfunding. I have been
　to the park with my family, and I love it. I want to go there again.

TIPS

　ニュースについて，①感情面の理由→②ニュースの概要→③感想や意見の順番でまとめていきます。画像などを見せながら報告させます。

08 ニュースレポーターになろう

Class （　　　） Number （　　　） Name：

STEP1 ニュースを読んでみましょう。

The Junior and Senior High School Students World News!

I was sad to hear this news.

This is the news about a guide dog and his owner who is blind.

The dog, Oscar, was stabbed on the train, but he didn't bark.

It's because he was trained not to surprise his owner.

He went to a hospital after getting off the train and was saved.

I got very angry that this happened.

☞どんな内容のニュース？

（　　　　　　　　　　　　　　　　　　　　　　　　　　　　　　）

---

①感情面の理由を述べる　　　　　I was <u>happy</u> to read this news.

②何についてのニュースか述べる　This is the news about <u>Niigata Airport</u>.

③内容を説明する（2文程度）　　The new airline has started. It is "the Toki Air".

　　　　　　　　　　　　　　　The airplanes are not so big, but very reasonable.

④感想や意見を述べる　　　　　　I hope many people use the airport again.

STEP2 あなたが最近注目したニュースをクラスメートに伝えましょう。
　　　　（メモでもかまいません。）

09 教科書に登場した人物にインタビューをしよう

言語材料：間接疑問文　　時間：50分

目的・場面・状況 ┊ 様々な人物をゲストに招き，苦労や成功について聞き出すド
キュメンタリー番組を制作する。

1　活動の内容

　ゲストとインタビュアーが話をする番組を作る。ゲスト役は教科書の人物
になりきり，体験談のように話す。最後は，映像作品として録画・提出する。

2　活動の手順

①「場面」を理解する。(5分)　　　　　　　　　　　　　　　STEP1

　T：ドキュメンタリー番組の字幕です。誰へのインタビューでしょう。

　S：あ！　教科書に出てきたカンボジアの地雷除去活動家のアキ・ラさん？

　T：そうです。今日は，ペアでゲストにインタビューする番組を作ります。

②ペアで大まかな台本を考える。(35分)　　　　　　　　　　STEP2

　T：誰をゲストでスタジオにお招きするか，相談しましょう。

　S：落語家の×××さんにする？　ほら，教科書の○ページに出ていた方。

　S：国連でスピーチをしたマララさんはどう？　色々聞けることがありそう。

　T：人物が決まれば，2，3つの質問を用意し，回答を相談しましょう。

③練習後，撮影する。(10分)

　T：練習後，各自で撮影を行います。90秒です。場所は校舎内のどこでも
　　OK。

TIPS

　リテリング力が求められます。普段から少しずつ練習しましょう。

09 教科書に登場した人物にインタビューをしよう

Class (   ) Number (   ) Name :

STEP1　ある人へのインタビューです。誰にどんな内容を聞いているのでしょうか。

　　　　I：Interviewer（インタビュアー）　G：Guest（ゲスト）

I：Thank you for coming today.　Could you give us your self-introduction?

G：OK.　My name is Aki Ra.　I am from Cambodia.　My job is to clear landmines.

I：Can I ask you why you started the job?

G：Because I decided to make the world at peace.　Some people are sad now.

I：I see.　I don't know how many landmines there are in Cambodia.

G：I'm not sure, but it is said there are more than 3 million landmines.

STEP2　ペアで誰へのインタビューにするか相談しましょう。

話す人の名前↓

(   ) _____

(   ) _____

(   ) _____

(   ) _____

(   ) _____

(   ) _____

(   ) _____

(   ) _____

10 社会的な話題でディスカッションをしよう

言語材料：特になし　　時間：25分

目的・場面・状況	世界子どもサミットでパネルディスカッションをしている。色々な話題について、相手から聞きつつ、自分の意見を伝える。

1　活動の内容

3人組で、ある程度社会的な話題について話し合う。

2　活動の手順

① 「場面」を理解する。(5分)　　　　　　　　　STEP1

　T：These days, many shops sell plastic bags when customers need them.　Because of environmental problems, using plastic bags are not eco-friendly.　Some say selling plastic bags should be banned. Do you agree with this idea?　You are the representative for the World Children Summit.

② 代表生徒に意見を聞いた後、ペアで練習する。(ペア交代あり) (10分)

　T：Do you think selling plastic bags should be banned?

　S：No.　It's difficult.　So I think we should find the way to recycle plastic bags for a long time.

③ 3人組になり、お題について話し合う。(10分)　　　STEP2

　T：1つ話したいものを選びましょう。40秒考えた後、話します。

TIPS

　相手への話題の振り方や、発言の受け止め方が大切です。帯活動などで繰り返し取り組むと、スムーズにできるようになります。

10 社会的な話題でディスカッションをしよう

Class（　　　　）Number（　　　　）Name：

STEP1　3人で話し合っています。それぞれどんな意見でしょうか。

Topic：Selling plastic bags should be banned.

> I think selling plastic bags should be banned.
> It is not eco-friendly.　We have to bring our own bags.　How about you?

> I agree with you.
> We waste too much bags.
> My mother always refuses
> getting plastic bags.

> I think we need to think
> about what happens next.
> Banning plastic bags means
> cutting down more trees.

STEP2　3人組をつくり，次の3つのお題から1つ選んで話し合いましょう。

Selling plastic bags should be banned.

Junior high school students should bring smartphones to school.

Young Japanese people aren't interested in studying abroad.

【メモ】

Useful Expressions（感想や意見を述べる表現）

I (don't) agree with that … 同意する（同意しない）　　In my opinion, ….　私の意見では…です。

I (don't) agree with you.　あなたと同じ意見です。（同じ意見ではありません）

I'm not sure, but I guess ….　自信はありませんが，…だと思います。

01 スピーチを聞いて(読んで),どんな質問をするかな?

言語材料：2年生までの復習　　時間：12分

目的・場面・状況	英語の授業で友だちのスピーチを聞いた後，質問タイムになるので，質問を考える。

1　活動の内容

スピーチ文を読み，質問を考える。

2　活動の手順

①スピーチ文を読み，どんなことが話されているか掴む。（5分）　　STEP1

　T：Look at STEP1.　Read it for a few minutes.

（約2分後）

　T：We want to check of the understanding.

　　　No.1.　What is Kumi talking about?

Ss：She is talking about her dream for the future.

　T：Right.　No.2.　What does she want to be in the future?

Ss：Flight attendant.　She wants to be a flight attendant.

　T：To make her dream come true, what does she want to do?

Ss：She wants to keep studying English.

②質問を考えて書く。（7分）　　STEP2

　T：Now, let's think and write questions about her speech.

TIPS

　質問を考えた後，クミになりきって答えを考えさせてもいいでしょう。

01 スピーチを聞いて(読んで),どんな質問をするかな？

Class (　　　　) Number (　　　　) Name：

STEP1 英語の授業で友だちのクミがスピーチをしました。読んでみましょう。

> Hello, everyone. How are you?   I'm good.   Today I want to talk about my dream for the future. I want to be a flight attendant. When I was a child, our family went on a trip to France. I met a flight attendant in the plane. She was very kind and gave some toys for me. I remember it. Now I like English. I like to communicate with many people all over the world. So, I want to keep studying English and become a flight attendant to help many people. Thank you.

❶ What is Kumi talking about?

(　　　　　　　　　　　　　　　　　　　　　　　　　　　　　　　　)

❷ What does she want to be in the future?

(　　　　　　　　　　　　　　　　　　　　　　　　　　　　　　　　)

❸ To make her dream come true, what does she want to do?

(　　　　　　　　　　　　　　　　　　　　　　　　　　　　　　　　)

STEP2 Think!　スピーチを聞いた後，クラスのみんなが質問する質問タイムになりました。あなたなら，どんな質問をしますか。友だちと重ならないよう，3つ以上考えましょう。

_____

_____

_____

_____

_____

02 修学旅行新聞を書こう

言語材料：過去形・現在完了形　　時間：50分

目的・場面・状況 ｜ 役所の展示コーナーに修学旅行新聞を展示することになった。

---

1 活動の内容

修学旅行の体験をグループでポスターにまとめる。

2 活動の手順

①班で分担する。（10分） STEP1

T：役所の国際課の方からの依頼で，修学旅行の思
い出を展示することになりました。グループのメンバーで，次のカテ
ゴリー別に担当者を決めましょう（❶1日目の体験，❷2日目の体験，
❸3日目の体験，❹，❺は自由）。

②書く。（35分） STEP2

S：We asked people from a foreign country. They are from Germany.
First, we asked "Why did you come to Ishikawa?" They answered,
"We came to see the Japanese garden, Kenrokuen." Second, we
asked "Have you tried any Japanese food?   What do you like?"
They like Japanese *sushi* and *tempura*.

③ポスターを完成させる。（5分）

T：それぞれが書いた作品を貼り合わせて，ポスターを完成させましょう。

TIPS

記事のカテゴリーは生徒の実態に応じて，教師が示すとよいでしょう。

02 修学旅行新聞を書こう

Class （　　　　） Number （　　　　） Name：

School Trip Newspaper!

❶1st day

❷2nd day

❸3rd day

❹ （　　　　　　　）

❺ （　　　　　　　）

・メモは日本語でも OK
・まずはグループでアイデア を出し合おう
・（　　）は自由に考えよう

STEP2 新聞にしましょう。

1st day: Discover Osaka!

My class went to Osaka on the first day. We visited four places: Osaka castle, Shinsekai, Dotonbori, and Kaiyukan.

My favorite is Dotonbori Street. We ate *takoyaki* there.

(Ayase)

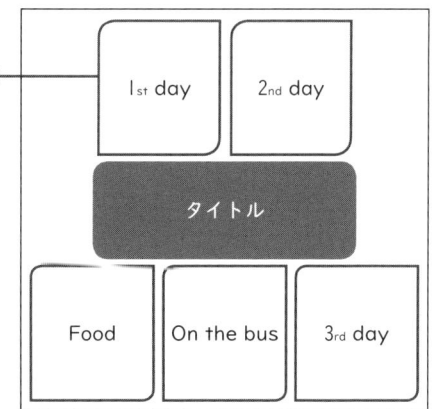

1st day	2nd day

タイトル

Food	On the bus	3rd day

1人1人が分担してポスターを作ります

03 転生したら〇〇だった

言語材料：現在完了進行形　　時間：35分

目的・場面・状況	校内で「転生したら〇〇だった」コンテストを開催する。

1　活動の内容

何かモノになりきって表現する。作品を皆で鑑賞し，表彰すると面白い。

2　活動の手順

①「場面」を理解する。(5分)　　　　　　　　　　　　　STEP1

　T：Look at this picture.　This is the famous statue, the Thinker 考える人.

　S：I know.　It is in Paris.

　T：Yes.　If you were him, what would you say?　He was made in 1902.

　S：I have been thinking since 1902.　I am tired.　とかですかね。

　T：Great!　Today, imagine you are something, what would you say.

②構想を練る。(10分)　　　　　　　　　　　　　　　STEP2

　T：ワークシートに自由に考えを書いてみましょう。画像もあるといいです。

　S：マスクにしようかなぁ。かれこれ3年くらいお世話になってるから。

③書く。(20分)

　T：Now please open your tablet and write.

TIPS

　ICT端末の共有機能を使ってお互いの作品を閲覧できるようにします。ネタが浮かばない生徒は参考にでき，何より読んでいて盛り上がります。

03 転生したら〇〇だった

Class (　　　　) Number (　　　　) Name：

STEP1　目覚めるとあなたは "the Thinker（考える人）" になっていました…。

I am the Thinker.

I have been thinking since 1902.

（例）I'm very hungry and cold. I want something hot to eat.

あなたなら何と言う？

STEP2　Write!　ノートやタブレット端末に，「転生したら〇〇になっていた」というタイトルで作文を書きましょう。

```
【構想メモ】



```

04 英語で「なりきり作文」

言語材料：受け身・現在完了進行形　　時間：20分

目的・場面・状況 ┊ 卒業文集に英語で「なりきり作文」を書く。

---

1 活動の内容

なりきり英作文について知り，実際に書いてみる。

2 活動の手順

①なりきり作文を読んで，タイトルを考える。(3分)　　STEP1

T：Look at the WORKSHEET.　Something is talking to Takeru.　What
　　is talking?　Please think and choose the answer.
　　What do you think is the title?

Ss：b

T：Right.　The answer is b, "I'm a Glove."

②英語で「なりきり作文」を書く。(17分)　　STEP2

T：あなたのクラスでは，卒業文集で，身近なものや人になりきって，英
　　語で「なりきり作文」を書くことになりました。❶なりきるものや人，
　　❷テーマ，を決め，書いてみましょう。

・机間指導を行い，既習事項を活かして十分表現させていく。

TIPS

　清書用にプリントを用意し，廊下に掲示したり，実際に文集にしたり
するとよいでしょう。

---

04 英語で「なりきり作文」

Class (　　　　) Number (　　　　) Name：

STEP1 Takeru 君が，英語で「なりきり作文」を書いたよ。タイトルは何だろう？

┌─────────────────────────────┐
│ [　　　　　　　　　　　　　　　　] . │

Hi, Takeru. I'm happy with you. You have been using me for 2 years and a half. I was glad you won the baseball games. Every time after you played baseball, you cleaned and polished me. I was happy to be clean. I am loved by you.

Now, you will be busy with studying, but when you want to refresh, please put me on, and play catch with your friends. I love you, Takeru.

a) I'm a Cap　　b) I'm a Glove　　c) I'm a Pencil case　　d) I'm a Racket

STEP2 Think!　卒業文集で，英語で「なりきり作文」を書くことになりました。構想を立てましょう。

❶何に（誰に）なりきりますか。（　　　　　　　　　　　　　　　　　　）

❷テーマは何？　・楽しい　　・嬉しい　　・感謝　　・不満　　・怒り　　・その他

❸書いてみましょう。タイトルも，工夫してつけましょう。

┌────────────────────────────────────┐
│   │
│   │
└────────────────────────────────────┘

05 ALT 新聞を書こう

言語材料：特になし　　時間：50分

目的・場面・状況	文化祭に学習の成果として出展するために，ALT に関する新聞を作成する。

1　活動の内容

ALT に質問をしてグループでポスターにまとめる。

2　活動の手順

①班で質問を考え，分担する。(10分)　　STEP1

T：ALT の先生に質問をします。それぞれが異なる質問をして，先生の色々な情報を引き出しましょう。

② ALT に質問する。(10分)　　STEP2

S：What is your favorite Japanese food?

ALT：I like Japanese fish. I especially love *sushi*.

S：Where do you eat *sushi*?　Have you ever been to a *Kaiten-zushi* restaurant?

ALT：No, I haven't. My friend and I make *sushi* at home.

③書く。(30分)　　STEP3

T：聞き取った内容をもとに，グループで相談して色々な形で記事を書いていきましょう。

TIPS

　モノローグ，対話文，４コマ漫画など記事の形式を様々にすることで，読者を飽きさせないようにしましょう。

WORKSHEET

05 ALT 新聞を書こう

Class (   ) Number (   ) Name :

Let's make an ALT Newspaper!

STEP1 ALT 新聞を作るための質問を考えます。班の人数分の質問を考えましょう。

STEP2 ALT の先生に質問をします。どんな答えが得られたか, メモをしておきましょう。

STEP3 新聞にしましょう。

(画用紙などに, それぞれが担当する記事を貼り合わせ 1 枚の新聞を作りましょう。)

見出しの例

・Mr. /Ms. ○○'s Amazing Life History!
・Favorite Food [Music / Games / Movies / Book]
・Cultural Difference between Japan and ○○

・Why Japan?!
・Mr. /Ms. ○○'s Home Country
・Love Manga!

06 悩み相談

言語材料：特になし　　時間：20分

目的・場面・状況	新聞に悩み相談が出ていた。同じ中学生の立場から，悩みについてアドバイスをする。

1　活動の内容

新聞に投稿された悩み相談と回答を読み，悩み相談に答える。

2　活動の手順

①悩み相談とその回答を読み，回答の仕方について知る。(5分)　STEP1

T：Look at the WORKSHEET.　This is the article which people are asking what to do and the advice.　What kind of worries does he have?

Ss：近くの高校に行って野球をすべきか，遠くの高校で勉学に励むか。

T：What was the advice?

Ss：自分のやりたいことを選んだ方が，悔いはない。

　　野球をやりながら，勉強もその気になればできるのでは。

②悩み相談に答える。(15分)　STEP2

T：では，今度はみんなが悩み相談に答えます。少し難しいですが，挑戦してみましょう。

・必要に応じて，ICT 端末等を使わせ，表現を調べさせる。

TIPS

　多感な中学生はこの時期,悩みを抱える場合があると同時に,冷静に物事を考えられるようになってきています。悩みの解決法を考えさせます。

06 悩み相談

Class (   ) Number (   ) Name :

STEP1　新聞に，こんな悩み相談が出ていました。読んでみましょう。

Dear Libby　I'm in the ninth grade.　I belong to the baseball team.　When I go to high school, I want to continue playing baseball.　We have a high school which has a strong baseball team near my house, but my parents want me to go to another high school.　If I go to the high school, I must give up playing baseball because it is far.　I can understand my parents' idea, but I want to play baseball.　What should I do?　What do you think?　Thank you.　*From Taku,*

Advice　Hi, Taku.　I read your letter and I want to give some advice for you.　I think you should choose what you want to do.　If you want to play baseball from the bottom of your heart, you choose it so that you'll never regret it.　You don't have to give up what you want to do.　Why don't you keep doing both playing baseball and studying?　You have many chances to study at any places if you have a will.　I hope that you can choose what you want to do.　Good luck.　*From Libby,*

STEP2　次の悩み相談に，あなたなら，どのようなアドバイスをしますか。

Dear Libby　I'm in the ninth grade.　People around me always "Study, study, study." I don't want to study.　I do not like to study.　I want to be a housewife, and I don't need to study to be a housewife.　Why should I study?　Do I need studying?　*From Yuko,*

_____

_____

_____

_____

Chapter4　中学3年の言語活動アイデア20

07 あなたのお気に入りを教えて！

言語材料：受け身・過去分詞の後置修飾　　時間：20分

目的・場面・状況	ALT が，最近読んだ本について話している。生徒たちも，好きな本や歌，映画，テレビドラマを ALT に紹介する。

1　活動の内容

　ALT が最近読んだ本の話を読んだ後，自分の好きな本や歌，映画やテレビドラマについて，ALT に紹介する英文を書く。

2　活動の手順

① **ALT の話を読み，内容について理解する。**（5分）　　　STEP1

　T：Look at the WORKSHEET.　Read it and think about the answers
　　　questions from ❶ to ❹.　I'll give you for four minutes.
　　　Have you done it?　Let's check the answers.

（答え）例　❶「走れメロス」
　　　　　　❷メロスが約束を守るために，走ることをやめなかったこと。
　　　　　　❸友だちを信じること。約束を守ること。
　　　　　　❹みんなの好きな本や歌，映画，テレビドラマが知りたい。

② **ALT の要望に応える。**（15分）　　　STEP2

　T：What kinds of books, songs, movies or TV dramas do you like?
　　　Please think and write about it on your WORKSHEET.

> **TIPS**
>
> 　初めて読む人を相手に，十分な情報を入れ，紹介できるようにします。

07 あなたのお気に入りを教えて！

Class（　　　　）Number（　　　　）Name：

STEP1　ALT の先生は，日本の本が好きで，たくさん読んでいます。
　　　　　最近読んだ本を，英語授業で紹介しています。

> Have you ever read a book written by Dazai Osamu?
> He wrote many books, and this is my favorite one.
> It is "Run, Melos". It is a story about a friendship.
> Melos didn't give up running to keep his words. I was
> impressed to read it. To believe friends and keep our
> words are important to get along with each other.
> I want to know about your favorite books, songs, movies
> or TV dramas. Please let me know.

❶何の本を紹介しているのかな？　（　　　　　　　　　　　　　　　　　　）
❷何に感動したのかな？　　　　　（　　　　　　　　　　　　　　　　　　）
❸お互いうまくやっていくために，何が必要なの？
（　　　　　　　　　　　　　　　　　　　　　　　　　　　　　　　　　　）
❹最後にみんなに向けて，何と言っているかな？
（　　　　　　　　　　　　　　　　　　　　　　　　　　　　　　　　　　）

STEP2　ALT の先生の要望に応えましょう。

_____

_____

_____

_____

_____

08 海外の人からの質問に答え,日本の事物を伝えよう

言語材料:関係代名詞・受け身　　時間:30分

目的・場面・状況	市の SNS サイトで海外の方から質問が来たので,それに返答する。

1　活動の内容

流行りの日本の事物に関することを伝える。ペアやグループで行う。

2　活動の手順

① WORKSHEET の質問を読む。(5分)　　STEP1

T:Here are some questions to you. Can you answer them?

〈Why do adults read comics? I think comics are for children.〉

S:漫画はみんなのものだよ。逆に子どもには難しすぎるものもあるし。

T:Right! Japanese comics are not written for only children. They have stories which are full of mysteries, fantastical creatures, and so on.

②班で相談する。(5分)　　STEP2

T:Choose the question and write the answer in your group.

S:I will choose this : What are the most interesting places in Osaka?

③書く。(20分)　　STEP3

T:班で助け合いながら,質問に答えていきましょう。

> **TIPS**
>
> 　受け身や関係代名詞など学習した表現を用いて,説明を後ろから付け加えることを実感させましょう。

08 海外の人からの質問に答え, 日本の事物を伝えよう

Class (　　　　) Number (　　　　) Name：

STEP1　まちの国際交流課の SNS に質問が届きました…！

> I am an office worker in France.
> Japan is famous for comics.
> I liked comics when I was a child. They were funny.
> I heard many Japanese people like to read comics.
> Why do adults read comics?
> I think they are for children.

STEP2　班で相談して, 次の5つのお題から1つ選んで SNS の返信内容を考えましょう。

> Why do adults read comics?

> What are the most interesting places in Osaka?

> Why do Japanese students go on a school trip?

> What is the most interesting school event in Japan?

> Why do Japanese people like uniforms?

STEP3　Write!　返信を書きましょう。

_____

_____

_____

_____

09 俳句を作って，応募しよう

言語材料：2年生までの復習　　時間：15分

| 目的・場面・状況 | 英語の俳句大会に応募することになり，応募作品を考えることになった。 |

1 活動の内容

音節が「5音節 – 7音節 – 5音節」となるような俳句を英語で作る。

2 活動の手順

①**日本の有名な俳句の英語版を読み，どの俳句かを考える。**（5分） `STEP1`

　T：日本の有名な俳句を ALT の先生が英語にしたものです。もとは，どんな俳句だったかな？

（答え）❶古池や　蛙飛び込む　水の音（松尾芭蕉）

　　　　❷静けさや　岩にしみ入る　蝉の声（松尾芭蕉）

　　　　❸柿食えば　鐘が鳴るなり　法隆寺（正岡子規）

　　　　❹すずめの子　そこのけそこのけ　お馬が通る（小林一茶）

　　　　❺菜の花や　月は東に　日は西に（与謝蕪村）

②**英語で俳句を作る。**（10分） `STEP2`

　T：英語で俳句を作ります。「5・7・5」を英語ですので，「5音節 – 7音節 – 5音節」の文を作ります。

・例を示しながら，音節について解説する。

TIPS

作った英語俳句は，廊下に掲示するなど共有するとよいでしょう。

09 俳句を作って，応募しよう

Class （　　　　） Number （　　　　） Name：

STEP1 　次は，日本の有名な俳句を，ALT の先生が英語にしたものです。
もとは，どんな俳句だったかな？

❶ The old pond – A frog jumped in – It's the sound of water.

（　　　　　　　　　　　　　　　　　　　　　　　　　　　　　　　　　　　）

❷ So quiet – Only the song stings in the rock – Cicadas are singing.

（　　　　　　　　　　　　　　　　　　　　　　　　　　　　　　　　　　　）

❸ Eating persimmon – The bell rang – At the Horyu-Temple.

（　　　　　　　　　　　　　　　　　　　　　　　　　　　　　　　　　　　）

❹ Hey, the baby of sparrow – Go over there, over there – The horse is coming.

（　　　　　　　　　　　　　　　　　　　　　　　　　　　　　　　　　　　）

❺ Canola flowers – A moon in the east – The sun is in the west.

（　　　　　　　　　　　　　　　　　　　　　　　　　　　　　　　　　　　）

STEP2 　英語で俳句を作って，応募しましょう。例にならって，音節が５・７・５になる
ように，作ってみましょう。 ※音節＝母音を含む音のまとまり

例） Look up in the sky
　　 Two dragonflies are flying
　　 They are a couple

_____

_____

_____

_____

_____

10 My Treasure

言語材料：特になし　　時間：50分

目的・場面・状況	卒業を前に，クラスメートに今の自分のことを伝えるために，文集を作成する。

1　活動の内容

My Treasure のテーマで自分の宝物を紹介する。

2　活動の手順

① WORKSHEET のモデル文を読む。(7分)　　`STEP1`

T：Read the speech model.　The theme is "My Treasure".

（答え）宝物：MOMA のキーリング　エピソード：初渡米時に買ったもの

②書く。(35分)　　`STEP2`

T：What is your treasure?　Write it down on the worksheet.

S：Do you play any musical instruments?　The guitar is my treasure. My mother bought me the guitar when I was 12 years old.　It is my first guitar.　I'm happy to improve my skills, so I practice hard every day.　I have found my dream in high school.　I want to join the music club.　Actually, I have three guitars in my house.　Among them, this is the cheapest, but this is the most important guitar for me.

③読み合う。(8分)

T：グループで回し読みをしましょう。何かコメントもするとよいですね。

TIPS

清書用紙を渡し，イラストや写真などもつけて文集を作成しましょう。

---

10 My Treasure

Class (   ) Number (   ) Name :

STEP1　次のモデル文を読みましょう。

My favorite thing is a key ring.
This is the key ring that I got from New York, in the U.S.A.
It was my first trip abroad with my family.
The city of New York was so big and beautiful.
And I went to MOMA, a Museum Of Modern Art.
At MOMA, I saw some pictures that were painted by Picasso.
They were excellent! After that, I bought the ring for myself.
Now, I have used it for 4 years. This is my precious item.
I want to visit New York again because I want to be a curator in museums.
The key ring reminds me of my dream. I will study hard. Thank you.

❶この文を書いた人の宝物は何かな？（　　　　　　　　　　　　　　　　　　）
❷宝物のエピソードは何かな？（　　　　　　　　　　　　　　　　　　）

STEP2　Write!　もうすぐ卒業式。クラスメートに，「今の自分」を伝えるために My
　　　　Treasure というテーマで作文を書きましょう。

話すこと・書くことの
テスト問題
アイデア６

01 自己紹介スピーチ

言語材料：be動詞・一般動詞・小学校の復習　　時間：10分（毎回3人発表）

目的・場面・状況	自己紹介をする。他国の生徒と互いのことを知り合う交流会を行う。

1 テストの内容

　他国の生徒との交流会を想定して自己紹介を行う。時間は1分程度とする。紹介後，教師が司会をして簡単な質問コーナーを設けることもできる。

2 テストの手順

①教師が発表者を紹介する。

T：Good morning, everyone! We have three speakers today. The first
　　speaker is Yukari. Are you ready?（Yesと答えたら）Let's begin.

②生徒が発表する。（以下は実際の生徒の発話）

S1：Hello. I am Yukari ×××. Please call me Yukari. I like music
　　very much. I am on the brass band and I play the flute. I love
　　watching Disney movies. My favorite is Aladdin. How about you?
　　Thank you.

③質問を受ける。

S2：What Disney song is your favorite song?

S1：Umm ... I like the song "Friend like me" in the Aladdin movie.

TIPS

　ルーブリックの「構成」（自己紹介に必要な情報）は，交流先のニーズなどを考えて，独自設定するとよいでしょう。

01 自己紹介スピーチ

Class （   ） Number （   ） Name：

評価ルーブリック

	知識・技能 （発音）	思考・判断・表現 （構成）	主体的に学習に取り組む態度 （デリバリーなど）
a	発音に母音挿入がほぼない。 自然なイントネーション。	自己紹介に必要な情報を満たす。 文と文のつながりもある。	聞き手の方（画面）を見て，しっかりと相手に 聞き取れる声量で話している。
b	発音にいくつか母音挿入。 一部不自然なイントネーション。	自己紹介に必要な情報を満たす。 文と文のつながりがなく話が飛ぶ。	やや視線が資料（ノートなど）に集中するが， しっかりと相手に聞き取れる声量で話している。
c	がんばろう！	がんばろう！	がんばろう！

●質問コーナーに向けた練習

Questions and Answers

	Questions	Answers
01	Are you in a club?	Yes, I am.
02	Do you like music?	Yes, I do.
03	Who is your favorite musician?	I like Yuzu.
04	Do you read a book every day?	No, I don't.
05	What food do you like?	I like *sushi*.

☆国や地域によって違うかもしれないこと

06	Can you use a smartphone at school?	No, I can't.
07	How many clubs do you have?	We have 11 clubs.
08	What do you do after school?	I go to cram school （塾）.
09	When is summer vacation?	Summer vacation starts in <u>July</u> and ends in <u>August</u>.
10		

↑オリジナル質問を考えよう

1年
書くこと

02 お気に入りの人物紹介作文

言語材料：三人称単数現在形・can など　　時間：15分（または定期テスト内）

目的・場面・状況	お気に入りの人物について紹介作文をする。クラスメートや ALT に，自分のお気に入りの人物を紹介する。

1　テストの内容

My favorite person（お気に入りの人物）を ALT に紹介する。

2　テストの手順

①授業：モデルをもとに考え，思考ツールなどで構成を考える。

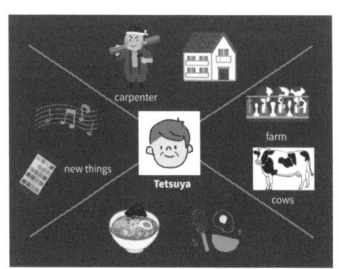

> This is my grandfather. His name is Tetsuya. He is 75 years old. He is a carpenter. He is good at building houses. He has a farm. He has a lot of cows. He doesn't have a smartphone. So he wants it now. He wants to listen to music. He is old, but he likes new things.

②授業：表現を工夫し，書く。

T：He［She］likes ... ばかりが並ぶと退屈な文章になります。色々な表現を使って，その人物の魅力を伝えましょう。

③テスト：授業で取り組んだ方法と同様の問題に取り組む。

TIPS

　テストではある程度状況設定を示された方が公平で，妥当性が高まります。

02　お気に入りの人物紹介作文

Class （　　　　） Number （　　　　） Name：

　あなたは，授業で人物紹介をすることになり，次のようなXチャートを作りました。Xチャートの情報をもとに，友だちであるマリの魅力を伝える文を5文程度の英語で書きましょう。

【思考・判断・表現】10点

【解答欄】※Xチャートをもとに内容を創作してもかまいません。

Hello.　This is my friend, Mari.

| |
| |
| |
| |
| |

Thank you.

評価基準	①人物の魅力を伝えようとしている。	2・1・0
	②Xチャートをもとにつながりのある文を適切に書いている。	4・2・0
	③内容が伝わるように正確に書くことができている。	4・2・0

01 夢についての交流会

言語材料：to 不定詞・接続詞など　　時間：2 時間（1 人90秒程度）

目的・場面・状況	他国の生徒と互いの夢について語り合う交流会を行う。

1　テストの内容

　他国の生徒との交流会を想定してやり取りを行う。やり取りの継続を目指して時間は 1 人90秒程度とする。関連する質問などに即興で答える。

2　テストの手順

・廊下や別室ですぐ次の生徒が発表できるよう席を用意する。

①あいさつをする。

　T：Hi, how are you? Nervous? Just relax and do best! Let's start.

②やり取りをする。

　T：What do you want to do in the future?

　S：I want to work at an aquarium. I love sea animals very much.

　T：OK. Please tell me more.

　S：When I was a child, I watched the Disney movie "Finding Nemo". It was beautiful and I got interested in sea animals.

　T：Great. How many aquariums did you go?　（以下続く）

　　（時間が来たら）Nice talking with you.　Thanks.

③テストが終わった生徒は教室に戻り，振り返りを行う。

TIPS

　生徒の発話を受け止め，生徒にたくさん話させるようにしましょう。

01 夢についての交流会

Class（　　　　　） Number（　　　　　） Name：

夢のやり取り　振り返りシート

●先生との会話はどうでしたか？

　　うまくいった　・　まずまずできた　・　あまりできなかった　・　全然できなかった

●うまくいったポイント，またはできなかった原因は何ですか？（日本語で）

（　　　　　　　　　　　　　　　　　　　　　　　　　　　　　　　　　　　　　）

☞英語で会話の流れを書きましょう。（わからない単語はローマ字でも OK）

_____

_____

_____

☞「できなかったけど，この単語を知っていたらよかった，こんなことが言いたかった。」
　という ことがあれば書いておきましょう。またそれを和英辞典で調べておきましょう。

_____

_____

_____

評価ルーブリック

	コミュニケーションの継続	英語（適切な内容）
a⁺	トピックを中心に，自分から繰り返しや情報の追加質問，あいづちや反応などを取りながら会話が継続できている。	どの発話についても，情報量が多く，語順や内容など相手に理解できるよう話せている。
a	トピックを中心に，ほとんど自分から繰り返しや情報の追加質問，あいづちや反応などを取りながら会話が継続できている。	どの発話についても，語順や内容など相手に理解できるよう話せている。
b	トピックと少し逸れることがある。話題を振ってもらえば，ほぼ沈黙なく会話を継続できている。	一部，単語のみになることもあるが，語順や内容など相手に理解できるよう話せている。
c	がんばろう！	がんばろう！

02 人気の国ランキング

言語材料：比較表現・think など　　時間：15分（または定期テスト内）

目的・場面・状況	ALT からの依頼に答えて，中学生に人気の国ランキングを書いて伝える。

1　テストの内容

中学生に人気のある国ランキングを理由とともに伝える。

2　テストの手順

①授業：「修学旅行先」アンケート結果をもとに，ペアやグループで話し合う。

Rank (2-1)
Popular places in Kansai

1	Osaka	16
2	Shiga	6
3	Hyogo	3
4	Wakayama	1

This is the result of the question, "Where do you want to go on the school trip?"
Osaka is the most popular place in Kansai because Osaka has many interesting places to visit. For example, Osaka castle, Kaiyukan aquarium, and Universal Studio Japan are very popular. I want to visit Osaka too. I want to eat famous foods, *Takoyaki* in Osaka.

②授業：表現を工夫し，書く。

　T：ランキング結果とその理由を書きましょう。

③テスト：実際に授業で取り組んだ方法と同様の問題に取り組む。

TIPS

　事実と意見を分ける思考力を身につけられるよう，授業で意識しましょう。

02 人気の国ランキング

Class (　　　　) Number (　　　　) Name：

　あなたはクラスで人気の国調査のアンケートを取り，その結果を ALT の先生に報告することになりました。結果は下の図のとおりになりました。<u>事実となぜそうなったかのあなたの考えも含め，4文〜5文程度の英語で書きなさい。</u>【思考・判断・表現】10点

【解答欄】

This is the result of the question, "What country do you like the best?"

| |
| |
| |
| |
| |
| |

Thank you.

評価基準	①アンケート結果を伝えようとしている。	2 ・ 1 ・ 0
	②事実と意見を分け，つながりのある文を適切に書いている。	4 ・ 2 ・ 0
	③内容が伝わるように正確に書くことができている。	4 ・ 2 ・ 0

01 街頭インタビュー

言語材料：総まとめ　　時間：2時間（1人90秒程度）

目的・場面・状況	日本の中高生を取材する海外のテレビ局から取材を受ける。

1　テストの内容

中学生の学校や生活について尋ねる街頭インタビューに答える。

2　テストの手順

・廊下や別室ですぐ次の生徒が発表できるよう席を用意する。

①**あいさつをする。**

　T：Hi, how are you?　I'm a TV reporter.　May I ask you a question?

②**やり取りをする。**

　T：What are Japanese teenagers interested in?

　S：I think they like listening to music.　Some of them listen to Japanese
　　　and Korean popular music.　Others like to listen to anime music.

　T：I see.　What music is your favorite?

　S：I like vocaloid music.　My favorite is Fukase.　Its voice is really clean
　　　and beautiful.　It is getting popular among young people these days.

　（以下続く）　T：（時間が来たら）Nice talking with you.　Thanks.

③**テストが終わった生徒は教室に戻り，振り返りを行う。**

TIPS

　練習でインタビュアー役に相づちや追加質問をさせ，高め合いを促します。

01　街頭インタビュー

Class （　　　　） Number （　　　　） Name：

●練習問題

> What do you do after school?

> How do Japanese teenagers
> spend their free time?

> What is the most popular school event for
> Japanese teenagers? And why?

評価ルーブリック

	知識・技能（発音）	思考・判断・表現（構成）
a	発音に母音挿入がほぼない。 自然なイントネーション。	質問に対する情報が十分にある。 文と文とのつながりもある。
b	発音にいくつか母音挿入。 一部不自然なイントネーション。	質問に対する情報がある。 やや文と文とのつながりがなく話が飛ぶ。
c	がんばろう！	がんばろう！

02 お悩み相談会

言語材料：総まとめ　　時間：15分（または定期テスト内）

目的・場面・状況	留学生の友だちから学校生活について相談された。お悩み相談に答える。

1　テストの内容

留学生の友だちからの，学校生活のお悩み相談に答える。

2　テストの手順

①授業：以下のお悩み相談文を読み，ペアやグループで解決法を話し合う。

My name is Chen.　I am interested in music.　I practice the guitar hard every day.　But my parents want me to be a doctor.　I don't know what to do.

I am Sophia.　I like studying English.　My dream is to study abroad someday.　However, my parents always ask me "You are not ready to study abroad." What should I do?

②授業：表現を工夫し，書く。

　T：友だちの意見も踏まえて，あなたなりの回答を書きましょう。

③テスト：実際に授業で取り組んだ方法と同様の問題に取り組む。

TIPS

　解決法を話し合い，色々な表現を共有しておくとテストにも役立ちます。

02 お悩み相談会

Class（　　　　） Number（　　　　） Name：

　あなたは昨年まで同じクラスで仲が良かったものの，親の転勤により東京に転校してしまった Tony 君から中学校卒業を前に久しぶりに手紙を受け取りました。そこには彼の悩みが書いてありました。手紙を読み，Tony 君へのアドバイスを書きましょう。Tony 君は中学時代サッカー部でした。

> I want to start new sports from high school.　But many friends and my parents want me to play soccer because I have played soccer for 9 years.　I am good at soccer, but I want to try new things.　What should I do?

【解答欄】

| |
| |
| |
| |
| |

評価ルーブリック

	達成度	幅広い表現使用	語彙・つづりの正確さ
a	悩みを理解し，受け止めるなどした上で，適切にアドバイスができている。	幅広い文法や語彙が文脈に合わせて，適切に使用されている。	語彙やつづりのエラーが少ない。（1〜2）【文量も多い】
b	悩みに対してアドバイスができている。	文法や語彙の多くが適切に使用されている。	少しエラーがある。（3〜）【文量あり】
c	アドバイスができていない。	ごく限られた文法や語彙しか使用されていない。	上記に満たない。書いていない。

　瀧沢先生から本書のお話をいただいた時に「これはちょっと難しい。」と思った。なぜなら，言語活動の「目的や場面，状況」は間違いなく大切なことだが，先生方や生徒たち，地域や学校自体の個別の状況や文脈に依存することが多いのではないかと思ったからだ。

　教科書を開くと，会社によっては 目的・場面・状況 と小見出しが記されたページがある。しかし，生徒にとってその活動が魅力的かどうかはわからない。また研修会に足を運ぶと，「目的や場面，状況」について困っている，悩んでいるという声を聞くことが多い。

●いつも発表を伝える相手を ALT にしていて，いいのだろうか。

●最近は ALT だけが相手だとマンネリ化してしまうから，同僚の先生は ALT の家族や友人を登場させているよ。本当に伝えるわけではないんだけど。

●そもそもそんなもの，必要なの？

●教科書には姉妹校と交流，なんてあるけどウチにはそんな学校ないし…。

　どの学校でもこうした悩みをお持ちの先生がいることだろう。「何かできたら」と思い，瀧沢先生と生徒が楽しめる活動アイデア本を書くことになった。

　ところで，私は現任校で生徒会の担当（顧問）をしている。毎月の生徒会活動の運営はもちろん，最近は課外活動として「探究的な活動」を生徒とともに進めている。昨年度はインドネシア・バリ島の環境団体へ Zoom インタビューを行い，地球規模の課題である海洋汚染問題にどのようにして取り組んでいるのか理解を深めてきた。その後，学んだことを実践するべく校区に呼びかけをして仲間を集め，海岸清掃を行った。生徒たちは，インドネシアの団体とのコンタクトから国内の通訳者（インドネシア語）との折衝をゼロから考え，Zoom インタビュー当日に向けて自分たちの関心ごとをまとめる英語でのプレゼンを作成した。その後，全校生徒への報告や国際理解教育プレゼンテーションコンテストに出場した。生徒たちの一所懸命な姿を見てい

て，この一連の活動はまさに「目的や場面，状況」にあふれているリアルな活動であることに気がついた。オーセンティックな（本物と出会う）取組ができれば，生徒の勢いは加速する。

　毎学期そのような取組は難しくとも，一度でも経験があればそれが活きて生徒もやる気になってくれる。逆に，架空の設定をいくらリアルにしようと取り繕っても，そこに生徒の気持ちが乗っていなかったり，生徒の実態（生活環境）とかけ離れすぎていたりすると，とたんに冷めた活動になってしまう。これまで，私は生徒たちとコミュニケーションを取りながら，彼らの興味・関心や悩み，子どもゆえに不足している視点などを授業の中で上手く取り入れた言語活動ができないかと模索してきた。その中で気づいたことは，生徒たちは，真面目なことばかりではなく，クスッと笑えるユーモアや，少しだけブラックな笑い，時には感動して涙を流すような内容や，「それは自分の考えとは違う」と意見をぶつけたくなる場面を授業で求めているのではないかということだ。それは教師も同じで，要は**お互いに心が動く授業をしたい**と思っているのだ。

　この本を手に取ってくださった読者の方にはきっと，「この活動はウチの生徒には合わない」と思う部分もあるだろう。読者の方にとって，本書の活動が，目の前の生徒の実態に合わせて，「こうしたら面白がってくれるかな」と考えるきっかけになることを願っている。

　本書を書くにあたって，今までの色々な取組を振り返った。初任時代からお世話になっている大阪府松原市の先生方と当時の生徒たち，現任校の同僚や生徒たち，英語授業のイロハを教えてくださった髙橋一幸先生，加藤京子先生，加賀田哲也先生をはじめ英語授業研究学会の先生方，田尻悟郎先生，中嶋洋一先生，そして優しくサポートしてくださった明治図書の木山麻衣子さん，最後にいつも支えてくれる妻と息子には感謝してもしきれない。

　英語の苦手な生徒も得意な生徒も，同じように目が輝く英語授業がしたいと思う。本書がそのための「目的や場面，状況」のヒントになることを願う。

　2023年8月　　　　　　　　　　　　　　　　　　　　　　　山﨑寛己

【著者紹介】
瀧沢　広人（たきざわ　ひろと）
岐阜大学准教授。1966年東京都東大和市に生まれる。埼玉大学教育学部小学校教員養成課程卒業後，埼玉県公立中学校，ホーチミン日本人学校，公立小学校，教育委員会，中学校の教頭職を経て，現職。小・中学校の英語教育研究を行う。主な著書に，『中学校英語　指導スキル大全』，『絶対成功する！新３観点の英語テストづくり＆学習評価アイデアブック』，『授業を100倍面白くする！中学校英文法パズル＆クイズ』，『苦手な子も読める！書ける！使える！中学校の英単語「超」指導法』，学年別の『絶対成功する！英文法指導アイデアブック』（以上，明治図書）等がある。

山﨑　寛己（やまざき　ひろき）
新潟県新潟市立下山中学校教諭。1987年新潟市に生まれる。上越教育大学卒業，同大学院修了後，大阪府の公立小中学校で８年間勤務し2020年度より現職。中学校検定教科書『BLUE SKY』（啓林館）編集委員。共著『板書＆展開例でよくわかる英文法アクティビティでつくる365日の全授業　中学校外国語（１年・２年・３年）』（明治図書）。2023年度に月刊誌『英語教育』（大修館書店）にて「チーム中学高校英語 PRESENTS サステナブルな授業磨き」を連載。

中学校英語サポートBOOKS

話せる！書ける！英語言語活動アイデア＆ワーク66

2023年９月初版第１刷刊 ©著　者	瀧沢広人・山﨑寛己	
2024年４月初版第２刷刊	発行者	藤　原　光　政
	発行所	明治図書出版株式会社

http://www.meijitosho.co.jp
（企画）木山麻衣子（校正）有海有理
〒114-0023　東京都北区滝野川7-46-1
振替00160-5-151318　電話03(5907)6702
ご注文窓口　電話03(5907)6668

＊検印省略　　　　　　組版所　中　央　美　版

本書の無断コピーは，著作権・出版権にふれます。ご注意ください。

Printed in Japan　　　　　ISBN978-4-18-336121-9
もれなくクーポンがもらえる！読者アンケートはこちらから